平凡社新書

1024

瞽女《ごぜ》の世界を旅する

大山眞人
ŌYAMA MAHITO

HEIBONSHA

瞽女《ごぜ》の世界を旅する●目次

はじめに

瞽女《ごぜ》というのは目明き（健常者）の「手引き」に導かれ、村々を門付け《かどづ》（村人の玄関先や勝手口に立ち瞽女唄を披露して米や金を得る）して歩く盲女の旅芸人たちのことを指す。わたしが彼女たちの存在を知ったのは、昭和四五（一九七〇）年のことだった。大阪万国博覧会の開催で日本中の誰もが「お伊勢参り」のように大阪を目指した時代だった。

当時、わたしは『music echo』という中高生向けの音楽雑誌の編集者で、おもに世界の民俗音楽や日本の民謡、伝統芸能（音楽）などを担当していた。ある日副編集長のA氏から、『朝日グラフ』（昭和四五年五月八日号）を手渡された。そこには農家とみられる大広間（あとで瞽女宿であることを知る）でうたう高田瞽女の親方杉本キクエ、それにシズコ（わたしはシズと呼んでいる）とコトミの三人の姿があった。さらに浜辺で瞽女の弾く三味線に合わせ、踊る村人たちや、その浜辺を歩く瞽女の後ろ姿、屋根まで届きそうな雪の壁、その隙間から湧いて出てきたような村人から喜捨を受ける瞽女たちがいた。

写真はモノクロで、撮影は昭和三八年頃。東京という大都会が戦前の装いを一新させ、「もはや戦後ではない」ことを証明した東京オリンピック直前の日本に、盲目の女旅芸人が存在していたことに不思議な違和感を覚えた。

『朝日グラフ』で彼女たちの存在を知った数か月後に、わたしはその不思議な人たちを自分の目で確かめるため、列車で新潟県の高田市を目指していた。わたしの取材日記には、昭和四六年一月三一日と刻まれている。

列車のなかは妙高高原へのスキー客で満席だった。色とりどりの派手なスキーウエアを見て、逆にこれから自分が目にするであろう異形の遊芸人の姿に重ね合わせた。誰しも高度経済成長の繁栄を謳歌している時代に、ほんとうに高田にあの人たちがいるのだろうか、と不安になった。

高田駅は雪のなかにあった。風がないせいか、空からゆっくりと降りてくる無数の牡丹雪を見ていると、まるで自分の全身がすっぽりと白い世界に包み込まれてしまうことに気づいて恐怖さえ覚えた。

初めて目にする高田の雁木《がんぎ》（通りに面した軒から庇《ひさし》を長くせり出させ、その下を通路とした）は天井を支える人の細腕のようだ。木目が浮き出る動脈のように艶《なま》めかしい。そのトンネルを連想させる雁木の奥に連なる家は、見事に連棟式の町家造りだ。

　ここではかつて間口に税をかけられたため、玄関周りが狭く、ウナギの寝床のように奥に延びている。商店の壁に掛けられた琺瑯《ほうろう》引きの広告板の、オロナイン軟膏の浪花千栄子、大塚食品ボンカレーの松山容子の姿がときの流れを彷彿とさせる。

　杉本家は東本町四丁目（旧名本誓寺町）にあった。歴史を感じさせるような木製の引き戸を開けた。闇のなかに闇をつくっているかのように途端に視界が狭くなった。引き戸からつづく三和土《たたき》（土間）が目に入った。二灯の裸電球だけが、わずかにそこに人が生きていることを証明するかのように鈍く光っていた。その明かりを頼りに視線を移すと玄関の右側に、旅に出るときに身につける桐油合羽《とうゆがっぱ》と饅頭笠《まんじゅうがさ》が掛けられてある。少しずつ視界が広がる。三和土の奥は水屋仕様で、コンクリート製の井戸には、水を汲み上げる旧式のポンプが見えた。

　家のなかはきちんと整理されており、一〇〇年以上は経っていると思われる古い箪笥や米櫃が飴色に光っている。茶の間にある箱火鉢には、年代ものの鉄瓶がしゅんしゅんと音をたてている。その前に見事な銀杏返《いちょうがえ》しに結われた杉本キクエが静かに座っていた。キクエは突然現れた男を眼差す。わたしは一瞬わずかではあるがたじろぐ。明らかにこの場所は現代とはかけ離れた異空間だった。

高田瞽女とは、江戸時代中期頃から新潟県高田地区（現上越市）に住む盲女の芸人集団の総称である。かつて瞽女は、南は鹿児島から北は北海道にもいたと思われる（異説あり）。各地の瞽女がそれぞれ集団を組んで生活をしていた。そのなかでも強固な勢力を誇ったのが高田瞽女である。さらに、近年まで生き残ることができたのも、その際立った組織力のおかげであろう。杉本家親方キクエは明治三一（一八九八）年生まれ。わたしが杉本家を初めて訪れたときキクエは七三歳、わたしは二七歳だった。

この日を境に、高田に三人の瞽女を訪ねる旅がはじまる。同時に、彼女たちが歩いた越後や信州の旅を、あたかも彼女たちの足跡をなぞるような旅にも出た。結局、瞽女を訪ねる旅は一三年にわたった。今から半世紀も前の話であった。

わたしがここまで彼女たちに惹かれた理由は何だったのだろう、と今にして思う。『朝日グラフ』で見た瞽女の異装だけではない何かが、一三年間という長きにわたった高田への旅を可能にさせたのだ。彼女たちの醸し出す異容さと、そのときのわたしが感じていた新しさとのギャップに興味を抱いたからだと思う。同じ位置に向かい合って凝視できるはずのない、過去に〝いた〟はずの人たちが、目の前に生きたままの状態で〝いる〟ということを目撃する恐怖は、完全にわたしの頭を混乱状態にさせたのだ。

それだけではない。いつの間にか、わたし自身がその異空間に取り込まれてしまい、そこから逃れ出て、元の「わたしという人間」に戻るのに信じられないような労力を要した。しかし、正直にいうと、今でもその異空間に魅せられた自分をときどき意識することがある。

なぜ彼女たちはこのような職業を選択したのか。旅という手段を講じなければならなかったのか。彼女たちはいったいどのような旅をしたのだろうか……。

さらに目の不自由な彼女たちになぜ、村人たちは喜捨という、文字通り喜んで物（おもに米）や金銭を差し出したのか。また瞽女たちからすれば得ることができたのか。当然、江戸時代や明治期には社会的な立場が男よりは遥かに低いはずの女だけの集団だった。

わたしはこのような疑問を抱きながら、『わたしは瞽女』『ある瞽女宿の没落』『高田瞽女最後』（いずれも音楽之友社刊）を上梓した。ここでわたしの旅は完結したはずだった。

ところが、である。半世紀も経た令和の時代に、不意に彼女たちの姿が頭をよぎりはじめたのだ。そして今、一三年もかけて取材した高田瞽女は、その後どうなっているのかが知りたくなった。だが、一連のコロナ禍で巣ごもりを余儀なくされた。取材時に欠かせない、人に会って話を聞くということができない。図書館などでの資料収集にも制限がついた。行動範囲が極端に狭められた結果、不思議なことに身近な風景に感動したり、昔の思い出に懐かしさを追い求めたりするようになった。自分の過去の風景に思いを馳せるようになった。

若かったあの時代、わたしはひたすら彼女たちの〝まぼろし〟を追って越後や信州の道をなぞるように歩いた。今、高田の瞽女が感じたであろう忘れ去られた昭和の原風景と、村人が彼女たちに与えつづけた〝情け〟をもう一度感じてみたいと思い、再訪した。

一年の大半、喜捨を求める旅で過ごす。その途中で感じた風の匂い、季節の感覚を自分も感じてみたい。日本人がもっとも求められている「人の情け」が半世紀前、確かにそこにはあった。

第一部では、五〇年前に取材を開始した当時の高田と高田瞽女たちが旅した村々の様子や、当時の杉本キクエの言葉を通して、その時代を生きた瞽女たちの生活や旅の様子、そして生き様をあらためて描き直してみたい。

さらに第二部では、瞽女の世界に取り憑かれてしまったわたしと杉本家の三人の瞽女、とくにシズコとの「不思議な体験」を語りたいと思う。

序　高田瞽女とは

旅に出なくなってからの一日

わたしが杉本家を訪ねた昭和四六年の冬、居間の畳に大きなビニールのカーペットが敷き詰められていた。これは客が来てお茶をこぼされたときに、畳を汚さないようにとの配慮からで、その下は真新しい畳だった。

昭和三八年頃、杉本家では旅に出ることをやめている。旅に出なくなってから、一日の生活はほぼ規則的なリズムに従った。朝は六時に起床。すぐ寝床をたたんで押し入れにしまい、入り口に近い部屋から順に座敷箒で掃く。

掃き掃除がひと通り終わると、シズコが土間の掃き掃除、コトミが勝手で炊事の支度。その後はそれぞれが自分の持ち場の拭き掃除をする。上がり框《かまち》や板の間を、濡れ雑巾でひと通り拭いたあと、乾いた雑巾で空拭きをする。それこそぴかぴかになるまで磨く。

居間にあるふた棹《さお》の箪笥や大きな米櫃は江戸時代からある年代もので、飴色にトロトロした鈍い光を放っている。箪笥の引き手金具には、白や赤の色紐が結びつけられ、音がしないように細かな配慮が見受けられる。

朝の七時からは朝食になるのだが、その前に洗顔をする。キクエは入れ歯を掃除し、そして全員で居間の隅にある仏壇の前で朝のお祈りをする。普段は、「今日も無事に暮らせますように」といった程度なのだが、代々の親方のマセやカツの命日、キクエ、シズコ、コトミの実家の両親など、身内の命日には次のような特別の経文を唱えた。

松代道《まつだいみち》の在家ショジョウの南無妙《なんにょう》たらんともがらは、心をひとつにて阿弥陀仏《あみだぶつ》を深く頼み参らせて、さらに世のかたへ心をふらず、一神一仰《いっしんいっこう》に仏《ぶつ》助けたまえと申《もう》さんショジョウをば、例《たと》え在郷《ざいごう》は尋常《じんじょう》なりとも、必ず弥陀如来《みだにょらい》は救いましますべし。これ即《すなわ》ち第十八の念仏往生誓願《ねんぶつおうじょうせいがん》の心なり。かくの如く、けつじょうその上には、寝ても醒《さ》めても命の終わらん限りは称名念仏《しょうみょうねんぶつ》すべきものなり、あなかしこあなかしこ

このような特別の日には経文とともに、杉坪薬師にも別所の観音様にもご飯と水を供えて朝のお祈りをする。さらに高田瞽女の守り神である弁財天には正月から約一か月間は毎日、朝昼晩と三度三度お膳を供える。そのときは弁財天の描かれている掛け軸をかかげお経も忘れない。膳の上には正月のご馳走が並べられるが、ときには餅やうどんを供える場合もある。

瞽女の食事は実に質素そのもので、ほとんど一汁一菜である。魚や肉類をあまり好まない彼女たちには、野菜の煮つけが栄養源といってもいい。ただ、この食事で一日数里を歩

くことができたのだろうか。旅先の瞽女宿で供される食事のほうが、栄養価が数段高いと考えるべきなのか。長旅をつづけられる原動力の秘訣とはなにか。

朝食後は各自の自由時間となる。人が訪ねてくる場合もあれば、用事で外出することもある。しかし普段は三人で長火鉢や飯台を囲むように座りながら、たわいのない話に時間を費やす。好きなレコードをかけたり、ラジオに耳を傾けたりする。とくにニュースの時間は必ず聞く。だから、世情については実に詳しい。当然だが、テレビはない。

昼食はいただかないことのほうが多い。夕飯は六時。食事内容は朝食とほぼ変わらない。夜の七時からは各自の自由時間。旅に出なくなってもキクエは稽古（三味線と唄）を欠かすことはない。「年をとると覚えが悪くなる。商売に差し障りが出るので」という。たまに声がかかることがある。そのための稽古なのだ。

家の造りと生活感

杉本家の間口は二間（約三・六メートル）。玄関の引き戸を開けると、長い三和土がつづく。部屋は一階が四部屋。手前から四畳、四畳、三畳、一番奥が六畳。すべて畳敷きの和室である。

二階があるのだが、なぜかわたしを上げるのを嫌がり、この目で見たのは、親方のキクエの葬式のときだった。二階は六畳ひと間だと記憶しているのだが、簞笥や荷物が所狭しと置かれ、確かに部屋としては使えなかった。

　上がり框にある角火鉢には炭が真っ赤に燃えていて、五徳の上にある鉄瓶が白い湯気を上げている。真っ暗な部屋ではあるが、電灯が二灯ついている。「病気になったとき、医者が体温計が見えるようにと思ったから」とキクエはいうが、わたしのような来訪者のためでもあると思う。最初に訪ねたのが真冬だったということもあるのだろうが、おそらく電灯がついた光景は年中変わらなかったと思う。

　居間には先ほどの簞笥がふた棹、杉坪山日光寺と、信濃国別所北向山厄除観世音のお札が並べられ、新しい水と、きれいな季節の花が生けてあった。隣の部屋の簞笥の上には、越中富山の売薬（置き薬）が入っている薬箱。その右隣にはソニーの卓上ステレオレコード装置がある。画家斎藤真一氏から寄贈されたという。その装置で、CBSソニー、日本コロムビアから発売されている自分たちのレコードをかけたりする。

　反対側の壁には、ニュースを聞くときに使う年代もののラジオが一台、左隣に東京国立劇場でうたったときの額縁入り感謝状と、黄綬褒章受章の表彰状が掛けられてある。

　その横の棚には最近入ったばかりの電話機が一台、その下には江戸時代より伝わる大きな米櫃がある。土間には井戸、流しには水道が引かれ、その左隣にはへっついがふたつ。

その奥には男女別々の便所がある。

居間から土間に降りる左側にはガステーブルがあり、料理はほとんどここでつくられる。南北に長く造られたこの家は、夏は涼しく、冬は暖かいはずなのだが、高田の冬の寒さをしのげるほどの暖かさは感じることができず、わたしは防寒具を手放せなかった。

日常生活の基本はひとり

目が見えない瞽女にとって、たとえ住み慣れた部屋とはいえ自由に闊歩できるわけではない。ときどき両方の手を前に出しながら確かめるようにして前進する。ただし、自分の座るべき場所にきちんと座ることができた。慣れているとはいえ、見事としかいえない。

キクエはいつもきれいに銀杏返しに結い、柘植《つげ》の櫛をさして白い元結いで髪を縛る。夏には「簡単服」と呼ばれるラフな洋服の場合が多い。ほかの季節にはきちんと和服を着こなし、帯をきりりと締める。弱視で手引きのコトミが手伝うことはない。すべてひとりで着こなすのである。

日常生活の基本はすべて自分でする、ということだ。例えば裁縫。自分の腰巻きや雑巾はもとより、簡単な繕いものは自分でする。針に糸を通すという難問に遭遇することになる。ところが、これをいとも簡単にやってのけるのだ。

「入れ歯じゃないときには、上の歯と下の歯で針の穴を嚙むようにして、右手に持った糸を舌を使って通すのさ。慣れると別に大して苦労などせんかったよ。ま、確かにわたしがとくにうまかったんだろうとは思う。姉さ、姉さって、よくわたしんところに頼みにきたよ。それで手甲《てこう》でも脚絆《きゃはん》でもなんでも縫ったもんさ。でも、入れ歯になってからは三倍の時間がかかった」

厳しかった稽古

キクエが幼いときの稽古は厳しかったという。三味線と唄だけで商売するという意味では、スキルの上達は絶対であった。とくに一年の大半を旅した時代には、高田にいる時間の大部分を稽古に費やすこともあった。

稽古はまず歌詞を覚えることからはじまる。キクエの場合、親方でもあり師匠でもある赤倉カツのあとについて反復練習する。キクエはとくに覚えが速かったという。実家にいる頃、父親が講談本を読み聞かせてくれたり、流行り歌をうたって聞かせてくれたためだ。「ただ丸暗記しても駄目だよ。意味を考えながら覚えると次に何がくるか、つながるようになるんだよ」

キクエの暗記術である。

ひと通り歌詞を覚えると、次に三味線の稽古に移る。これにはキクエも閉口した。

「目が見えないから、最初のうちは三味線のツボを押さえるのがなかなかできんかった」

バイオリンなら幼児用から大人用まで五、六種類の大きさに分かれている。ところが三味線に幼児用などはない。幼いキクエに三味線は大きすぎ、撥《ばち》は重すぎた。親方のカツは、キクエの背中からのしかかるようにして手を取り稽古をつけた。だからなのか、キクエもシズコもコトミも、みんな背中が丸くなっている。

真冬、炬燵にも入らず、凍えた手で撥を握るのは辛かったに違いない。寒くて手がかじかみ、よく撥を落としてはカツに手を叩かれたとキクエは話す。

旅の仕方と旅支度

瞽女の商売は村々を周り、唄をうたって米や金を得ることにあった。喜捨を得るために旅に出たのである。一年のうち、高田にいるのはほんの一か月、残りを旅に明け暮れる生活をした。瞽女にとって、旅は生活そのものだった。

旅先は頸城《くびき》三郡（東・中・西頸城郡）と信州の一部がおもであった。ときには米山を越して長岡方面に旅する組もあった。だから、東頸城郡の山間部などでは、長岡瞽女（長岡を拠点に旅する瞽女）と遭遇することもあった。

長岡の瞽女の一部は、南は関東地方、北は山形、福島のほかに船で津軽地方まで足を延ばす者もいた。陸路より海路のほうが整備されていた明治末期には、北海道の江差あたりに「ヤンシュー」という、鰊《にしん》漁の出稼ぎとして働く内地の男たちに混じって、瞽女も渡った。鰊漁が盛んで、十分な喜捨にありつけたからだ。

高田瞽女は、一年間のスケジュールがほぼ決められている。スケジュールの自由な長岡の瞽女などは、気ままに、そのときの気分でどこへでも旅をした。

旅に出る前の準備はとても大変だった。二〇日という短い旅もあったが、信州への旅は二か月以上の長旅であった。旅先での着替えはもちろん、商売道具の三味線、果ては薬類から石鹼まで、日常生活には欠かせない、ありとあらゆるものまで用意した。

瞽女の旅の基本は徒歩である。おのずと背負う荷物の量にも限界がある。どのような荷物を背負ったのか、次に挙げてみる。

- 夜座敷でうたうときのお召し替え用晴れ着ひと揃い（このなかには帯や白足袋などが数足含まれている）。
- 湯上がり（夏場は浴衣程度のものを数枚。真冬にはどてらのような厚手の上っ張りを用意）。
- 寝巻（単衣や細紐なども）。

・袢《はん》ちゃ（旅の道中に着る袂の短い羽織のようなもの。キクエの娘時代には長い振り袖に襷《たすき》掛けだったという）。
・髪箱（水油、鬢《びん》付け油、柘植の櫛、ふけ取り櫛などを入れた）。
・ちり紙、石鹼、手拭い、歯磨き粉、新聞紙（鬢付け油を使うときに使用）。
・薬箱（毒消し、胃腸薬で須川の百草園、別名〝にせ熊〟ともいう。傷薬としてヨードチンキ、ムヒ、キンカン、包帯など。越中富山の売薬など多数）。
・桐油合羽（油桐の種子を圧搾して得た油を、幾層にも重ね合わせた和紙に塗りつけてつくられた合羽。完全に雨露をしのぐことができる。昔は茣蓙《ござ》を用いたが、長雨や豪雨には役に立たなかったという。キクエたちは桐油《とゆ》と発音するが、正確には桐油《とうゆ》）。
・弁当箱（外側は黒漆、内側は赤漆塗りで仕上げた木製の弁当箱。いつの頃からかアルミの弁当箱に替わった）。
・三味線二挺（旅先では三味線が壊れることが多いので、いつも二挺用意した）。

これだけの荷物を用意して背負うのである。その荷物を大風呂敷に包み込み、連尺《れんじやく》という幅広の紐で背負って歩く。その風呂敷包みの上には、合切《がつさい》という縞柄《しまがら》の筒のようなものを載せ、昼や夜中に食べる弁当を入れ、いつでも手軽に出せるようにしてある。合計一五キログラムにもなる荷物を背負い、一日何里もの道を歩いたのだ。

　荷物以外にも頭に饅頭笠を被った。幅が広く、丸みを帯びている格好が饅頭に似ているというのでこの名がついた。真夏の直射日光からも、真冬の厳しい吹雪からも十分に顔と身体を守ってくれる。袢ちゃを羽織るのだが、冬場は着物の下に厚手のお腰を二枚締めている。

　手は手甲といって筒状の木綿地で覆い、上から細紐で結ぶ。足には脚絆を巻きつけた。手甲と同じように藍染めの厚手の木綿地でつくられ、形が筍と似ていることから、「竹の子」といわれた。これらは山間部を旅するとき、茨のトゲなどから完全に身を守ってくれた。足には、草鞋《わらじ》を履くが、すぐにすり切れたりするので、のちに地下足袋となった。ただ、地下足袋は重いので、長旅には草鞋に限るとキクエはいう。

　これだけの重装備での長旅は、さすがに重労働であった。身体の弱い瞽女や幼い瞽女に荷物を背負わせるのは過酷なため、親方や体力のあるものが代わりに背負った。

歩き方と村に着いてから

　瞽女は三人から五人がひと組になって歩く。盲女の彼女たちが自立して歩行することは不可能だ。そこで道先案内人の役目を負った「手引き」という健常者や、弱視の瞽女が先頭に立ち先導した。手引きを先頭に瞽女が手引きの荷物に手をあてがい、その次がその前の瞽女の荷物に手をあてがう。まるで運動会のムカデ競走のように、一列縦隊になって歩いた。

目的の村に着くと、泊まる家（瞽女宿）に荷物を降ろし、空身になって三味線一挺と袋（喜捨の米などを入れる）を持って一軒ずつ門付けをして歩く。このときは、『こうといな』や『かわいがらんせ』などの短い門付唄をうたう。門付けは、喜捨を乞うという意味もあるが、今夜瞽女宿で行われる宴会を知らせるためでもあった。

〽見そめ相そめつついなれそめて
今は思いの　ソリャ種となる

来ては唐紙なでてはもどる
いとど思いの　ソリャ増鏡

かわいがらんせつとめのうちは
末に女房　ソリャわが妻よ

おそれうれしや侍すじよ
弓を片手に　ソリャ矢を腰に

色を染めだす酒田の小屋で
新潟小もめや　ソリャ花千鳥

咲いてくやしや千本桜
鳥もかよわん　ソリャ山中に

きみはェー　きみは唐竹心は矢竹
思う竹になぜならぬ
思う竹になぜならぬ

とんとェー　とんと白波打ちかけられて
乗りて帰らん客やもない

（『かわいがらんせ』）

乗りて帰らん客やもない

主のェー　主の袂にいろはを書いて
主にほの字とよませたい
主にほの字とよませたい

恋のェー　恋のたまずさみかさの小紙
やれば来るかと出てや待ちる
やれば来るかと出てや待ちる

（『こうといな』）

〽桜か蓮華の花か
そこへござるや
みや殿さ
桜か蓮華の花か
そこへござるや
みや殿さ

（『雨降り唄』）

『雨降り唄』は、文字通り雨で三味線が使えないときに斉唱する門付唄である。

門付けをはじめると、家の奥から村人が出てきて米や金を喜捨してくれる。ただし、農家ではそのほとんどが米である。それも茶碗一杯程度だ。

門付けが済むと、瞽女宿に戻りひと休み。夕方になると風呂に入って、それから夕食をいただく。風呂はその家の旦那が入ったあとの二番風呂が多い。食事は座敷の上座に招かれるか、与えられた寝所でゆっくり食べることができた。

夕飯を食べ終えた頃になると、村人が三々五々集まってくる。一年に一度の瞽女の唄を聴くことができる。娯楽の少ない時代には、掛け替えのない楽しみのひとつといえた。酒肴を持参する男や、子どもの手を引いた女など、老いも若きも瞽女宿の大広間に集まった。

座敷の上座に据えられた瞽女たちは、まず「宿払い」程度に民謡や短い語りものなどを披露する。「宿払い」というのは、宿賃を支払うという意味が込められていた。小一時間もすると宿払いは終わり、あとは村人が希望する唄をうたった。

一番人気は『葛の葉姫　子別れの段』という段もの（語りもの）だ。信田狐の子別れの物語である。人間と一〇〇〇年も生きた女狐の間に生まれた子どもでは、別れはいつかは訪れる。その我が子との別れを切々と語る様に、聴くほうが絆《ほだ》され、決まって嗚咽《おえつ》したという。ほかに『山椒大夫』『小栗判官照手姫』『俊徳丸』などの語りものもあった。

口説きといわれる一五分くらいの短い唄では、『三人心中《しんじょ》』『鈴木主水』『松前口説』や、猥雑な『へそ穴口説』などに人気が集中した。興に乗れば『萬歳』などの色ものも飛び出す。才蔵役を買ってでる村人もいたりで座は賑わった。

夜も一〇時を過ぎる頃には、女や子どもたちは家路につく。代わって男たちの時間となる。「親方、疲れただろうから、今度はおれが弾くよ」といい、三味線を借りて男たちは得意の民謡を披露する。なかには踊り出す者まで現れ、座はさらに盛り上がる。こうして夜中の三時、四時、夜が明ける頃までつづくことが珍しくなかった。

早朝（前の日が遅かった場合には陽が高くなってから）に朝食をいただき、空の弁当箱にご飯とおかずを詰めてもらい、礼をいってその宿をあとにし、次の村へと旅立つ。背中の荷物のなかには、門付けでいただいた米、昨夜の宴会でのお礼の品物などがどっさり入っていた。

ただし、いつも十分な喜捨にありつける旅になるとは限らない。農閑期はいいのだが、六月の田植えや、一〇月の稲刈りの季節は猫の手も借りたいほどの農繁期である。夜遅くまで宴会をする余裕もない。そこで宿払い程度か、宴会をしない場合もある。そういう時期には、夜遅くまで門付けをして歩いたり、望まれれば座敷や縁側などで少し長めの段ものを披露することもあった。それなりの収入にはなったが、宴会のある季節に比べれば格段に収入減になった。

　貯まった米は、途中にある米屋で換金した。なかには「瞽女の百人米」といって、目の悪い人、身体の調子のよくない人のいる家の米と、喜捨で得た瞽女の米とを交換した。瞽女が得た米を食べると、目の病気や病が治ると信じられていたようである。

第一部　季節ごとの旅

旅をすることで喜捨という生活の糧を得ていた高田の瞽女は、毎年旅をする地域と日にちが季節ごとに決められていた。彼女たちの到着（来村）を楽しみに待つ村人たちにとっても、突然来られるよりそのほうが好都合だった。ただし、厳密に決められていたわけではない。

当時、高田にあった一七軒の瞽女屋敷（家）が、都合のつく家、数軒ごとに組んで旅をした。そこには家ごとの事情があり、毎年必ず訪れるとは限らなかったようだ。春は西頸城郡、夏は暑いので信州、秋は東頸城郡、冬は厳冬で積雪量も多かったため、高田の近在を旅することが多かった。

「妙音講《みょうおんこう》」（高田瞽女の守り本尊と崇めている弁財天を供養する法要）の五月一三日は、高田中のすべての瞽女が参列した。そのため前日までには旅を終え、高田に戻った。

さらに「やぶ入り」に入る直前の八月一二日までには高田に戻ることが義務づけられていた。破れば罰せられたという。なぜ、大切な行事とも思えない「やぶ入り」直前の八月一二日までに帰らなければならなかったのか……。夏の信州の旅では水押（洪水）に遭い、命からがら高田に帰った瞽女たちもいた。日程的に緩い旅をすることも認められていた一方で、罰則をもってしても帰る日にちを厳格に求めている。この矛盾について、杉本家親方キクエから明快な答えを引き出すことができなかった。

第一部では、彼女たちが訪れた地域や村の名前は、高田瞽女の親方杉本キクエたちが旅した当時の名称を使用した。

旅の日程（始まる日と帰る日）、訪れる村名、その順序や汽車利用の有無などは時代により異なるので、代表的な日程を示した。本文の内容も、必ずしも旅の日程と連動しているわけではない。

高田の瞽女たちに喜捨しつづけてきた村人の情け、それにすがって生きてきた彼女たちのしたたかさも垣間見てみたい。

第一章　春を旅する

春の旅の日程

春の旅は高田を起点として周辺の村々を訪れた。豪雪地帯の上越地方は早春といえども残雪に行く手を阻まれ、歩行を困難とさせた。

・矢代村方面への旅
二月に行かなかった村を訪ねた。菅沼や両善寺方面にも出かけた。
・西頸城郡方面の旅（三月二七日〜四月三〇日）
高田〜吉浦〜田野上〜折居〜東〜瀬戸〜飛山〜谷内〜中野口〜下倉〜槙〜溝尾〜島道〜平〜小見〜東海〜高谷根《たかたんね》〜中谷根〜宮平〜猿倉〜砂場〜土倉〜湯川内《いのかわち》〜大平〜上出〜東海〜浦本〜木浦〜筒石〜小泊〜（汽車も可）〜高田
・中頸城郡方面の旅（五月二日〜一二日）
高田〜日比子《びりご》〜原〜梨窪〜青柳〜上関田〜筒方《どうがた》〜山寺〜猿供養寺《さるくゆじ》〜久々野《くぐの》〜高田
・「妙音講」（五月一三日）
・東頸城郡方面の旅（五月二〇日〜六月一五日）
高田〜小川〜高尾〜朴《ほお》の木《き》〜上麦平〜二本木〜須川〜上船倉〜菖蒲《しょうぶ》〜浦田〜室野〜水

梨〜新山〜中坪〜東川〜松口〜小屋丸〜松代《まつだい》〜千年〜蒲生《かもお》〜田麦《たもぎ》〜板山〜大平〜蕨岡〜虫川〜高田

杉本家に預けられ、三週間後には初旅に出た

キクエが高田瞽女の杉本家に、親方である杉本マセの弟子として預けられたのが（キクエは「もらわれてきた」と述べている）、数え七つの明治三七（一九〇四）年三月九日のことだった。キクエという名前は瞽女の芸名で、本名は青木ハル。明治三一年三月五日、中頸城郡諏訪村東中島（高田の近在）の青木久治と小梅の長女として生まれた。六歳のときに麻疹《はしか》がもとで失明する。高田の杉本家には父親におぶわれ、母親の小梅と一緒に来た。

預けられて約三週間後の四月二日には、もう春の初旅に出ている。早く人（瞽女仲間や村人）に慣れたほうがいいという親方マセの配慮からだった。さすがに初旅の前日には母の小梅が杉本家に来てひと晩泊まっていった。そのときの母親からかけられた言葉をキクエは忘れない。

「ハル、ばあちゃと一緒にいいところに連れてってもらうんだから、おっかちゃ、今度はもう来ないぞ」

翌日、小梅は東中島に帰った。また来てくれるだろうと思ったキクエは、「寂しくなかった」といった。

瞽女になりたてのキクエには、旅に出るということが理解できなかった。初旅は西頸城郡の郷津・谷浜から能生《のう》方面の旅となった。同行したのはマセと、草間家の親方ソノとキクエの三人だった。高田瞽女の旅は、気の合う家同士が連れだって旅をすることが多い。そのほうが危険に遭うことも少ない。互いに助け合うことで旅そのものの歩を楽に進めることができた。

その日、キクエはマセから脚絆《きゃはん》を脛《すね》に巻いてもらい、草鞋《わらじ》を履かせてもらった。初日は谷浜までの旅程だった。汽車に乗ることもあったが、基本は全行程を歩いて旅した。村々には懇意にしていた村人がいて、その家で一宿一飯の世話になった。喜捨を得るには、馴染みのいる村々を点と点とをつなぐように旅をするのがもっとも効率的だった。北陸本線が開通（糸魚川～直江津間）したのはキクエが数え一六の大正二（一九一三）年である。

高田から谷浜までは三里（約一二キロメートル）。単に歩くことと旅とは違う。ひたすらこなす（歩く）旅を経験したことのないキクエに、いきなり三里という行程は厳しすぎた。それでもキクエは歯を食いしばって歩いた。

「ハル、足痛いんか」

草間の親方ソノにいわれた。足が痛い。痛い、痛い、でも我慢した。突然、涙が溢れた。

足が痛かったからではない。ソノの言葉がうれしかったのだ。

そこにキクエたちのそばを駄賃取り（車引きのことらしい）が数台通りかかった。その一台にソノが声をかけた。

「あの、あんちゃ……」

瞽女に声をかけられた駄賃取りは驚いて、

「なんだね、荷物でもつけてくれっていうのかね」

「いや、荷物はいいけども、この子、足痛いっていうんで、乗してってくれんかね」

「ああ、いいよ。空車だから、いくらでも乗してやんぞ」

こういうと、二〇歳くらいの駄賃取りはひょいとキクエを抱きかかえ、荷車に乗せた。

キクエは家が農家だったことで、荷車に乗った経験はある。しかし、目が見えなくなってからは初めてである。駄賃取りのあんちゃは、キクエの腰を帯でしっかりと括りつけてくれていたものの、恐ろしかった。荷車のほうがマセやソノの歩きより速い。マセたちの話し声は徐々に遠くなり、やがて聞こえなくなった。キクエは泣いた。心細くて泣いた。

「こんなにかわいがって乗してやってんのに、泣いたりして……、よし、海へ放り投げてやんぞ……」

キクエは驚いた。相変わらず波の音がガボーン、ガボーンと聞こえてくる。恐怖心は頂点に達し、泣きそうになったが堪えた。

そうこうしているうちに谷浜に着いた。駄賃取りは今日泊まる家までキクエを連れていってくれた。しかし、留守で誰もいない。キクエに新たな不安が芽生えた。駄賃取りはキクエを降ろし、玄関を開けて座敷にキクエを座らせた。

「この家の人、もうじき来るし、ばあちゃたちもあとからじき来るから泣かんでいろよ」

こういい残して帰っていった。広い家だった。東中島のキクエの実家よりも広かった。潮の匂いを含んだ空気がひんやりとキクエの身体を包んだ。遠くに波の音が聞こえてくる。自分がひとりだと思うだけで、心もとなさだけが増幅された。キクエは堰を切ったように泣いた。声を上げ、しゃくり上げて泣いた。

「ハル、ばあちゃだぞ」

ソノの声を聞いた途端、泣くのをやめた。うれしくてうれしくて、「頭のなかにあるなにかが、くるくると回りだした」とキクエは話してくれた。

「あら、おまんた、来てくれたのかね、まあ、こんなかわいい子いつもらったがね」

畑から帰った家の人が笑いながらいった。

「先月さね。来たばっかで、初旅なのさね」

「そうかね、今夜はゆっくりしていきなん」

その家でひと晩お世話になり、翌日能生へ足を向けた。高田からは九里もあった。名立までの間に流れる有間川を越すと、茶屋ヶ原に「茶屋ヶ原のばあちゃ」という家があった。ひとり者でなにかを商っている人だった。二階造りの大きな家だった。

「おーおー、よう来たの。まあ、そんなかわいい子連れてさ」

「初旅でさ、昨日は茶屋ヶ原までやったとだ……」

「そうかね、かわいいね。お菓子やるよ」

こういわれてキクエはお菓子をもらった。その家でお茶をご馳走になり、すぐに旅立った。また足が痛みだした。涙がひとりでに出てきた。そこに偶然にも駄賃取りの一行があり、その一台を止めて交渉してくれた。今度も帯で腰をしっかりと結びつけてくれた。

「どこまで行くんだ。おまん」

「能生まで行くんだ」

今度はしっかりと答えた。しかし、不安と寂しさで泣きはじめた。すると、

「泣きゃ、海んなかさ投げ込むでや……」

キクエは思った。駄賃取りはなんでおんなじことをいうんだろうねって。

途中、店先で休むとき、キクエの帯をほどき荷車から降ろしてくれた。そして自分の隣に座らせてくれた。天気がいい日だった。春先だったのか、少し冷たい風が心地よかった。

能生までは茶屋ヶ原からは六里。三回ほど休んだ。

能生の小町に着いた。先に、赤倉のカツ（杉本家の瞽女）と草間のサトが来ていた。サトはキクエより二、三歳年上だった。

「ああ、本誓寺町のハルちゃ来た」

といって喜び、キクエをサトの膝の上に乗せて後ろからギュッと抱きしめてくれた。

マセとソノは日暮れ近くになって着いた。そこでふた晩お世話になった。能生から一里ばかりのところに木浦《このうら》という村があり、ちょうど祭りの最中で瞽女唄を披露した。木浦の村人はことのほか唄が好きで、いい商売をすることができた。

木浦から能生谷に入った。どの村に行っても、「ハルちゃ、かわいい、かわいい」といわれた。子どもの瞽女は珍しかったのか、どの村に行ってもかわいがられた。

徳合崎の浪曲師

キクエたちは、祝儀に対しては実に厳格に対処した。芸の売り（披露）買い（聴く）には必ず喜捨（金品）を介することが当然の習わしとされた。

西頸城郡筒石の近くに徳合崎《とごさき》という村があった。その村では四月一二日に春祭りが行われた。比較的裕福な土地柄で、キクエたち一行も春には必ず立ち寄った。喜捨の量が他の村とは桁が違った。ある年の春、馴染みの家でいつもどおり瞽女唄を披露した。終えると、その家の主《あるじ》が、「雲中軒忠夫が来ているって、これからみんなで聴きに行こう」とキクエたちを誘った。

雲中軒忠夫は有名な浪曲師で、彼はキクエと同じ中島の生まれだった。キクエの兄と二歳違いでキクエも雲中軒忠夫のことは知っていた。彼は村一番のいい男で美声。彼の浪曲を聴きたいとどこでも評判を呼んだ。とくに高田連隊の将校夫人のなかには、夫人たちから金を集めて、舞台用の名前入りの幕を寄付するほどの人気を誇った。

同郷というよしみもあったので、キクエはご祝儀として一円を包んだ。一円は当時としては破格の祝儀代だ。それも旅の途中での大出費である。でもキクエには少しも惜しむ気持ちがなかった。「忠夫さだって、わたしらの唄聴けば、祝儀包んでくれるんだもの」という。

会場は満席。祝儀を差し出すと、雲中軒忠夫は帳面にその金額を書いた。

「ハルちゃ、いっぱいあるね」

そういって喜んでくれた。キクエはうれしかった。同じ芸人同士という矜持《きょうじ》もあった。

彼は演奏の前に、こういったのだ。

「えー、このたびは結構なるご祝儀ありがとうございました。とくに、杉本キクエさんより、金一〇〇円なりをいただきました。厚く、厚くお礼申し上げます」

キクエは飛び上がらんばかりに驚いた。

「誰だね、女の名前で一〇〇円も出す人ってさ、どこのもんだいな」

これを聞いた会場がざわめいた。当時（大正末期から昭和初期の地方公務員の初任給が七〇円）、一〇〇円は裕福な村でもお大尽でもなければ出せない金額だ。さすが同郷の浪曲師だと感服した。芸人は会場の雰囲気を持ち上げてナンボのもの。芸がうまいだけでは会場は沸かない。キクエは旅先で居合わせた同業者や旅芸人たちの〝芸〟を聴く。いや、盗む。自分の芸に加える。こうすることで、喜捨の量も増えていった。

西頸城郡浦本村の槙という村で火事に遭う

西頸城郡の槙では四月八日が春祭りで、近在から大勢の人たちが集まった。キクエらが泊まる家も親戚の人たちでごった返した。瞽女が商売をするには好都合といえた。春は祭りが多く、キクエらはその春祭りを追うように旅をつづけた。槙の馴染みの家（瞽女宿）にふた晩泊まり、翌日、一〇日にある糸魚川の後祭りを目指した。別名〝糸魚川の喧嘩祭り〟ともいわれる名の知れたもので、槙の人たちもそれを見に出かけるため、村から人の姿が消えた。

祭りの日は天気に恵まれた。キクエらも草間家のサトとハル、それに杉本家のキノエと旅立ちのため荷物をまとめようとしていたところに、近所から「唄、うたってほしい」という声がかかった。断ることもできたが、短時間で済ませることを条件に申し出を受けた。キクエはキノエとふたり、座敷用の着物に着替えて家を出た。奥座敷に通され、三味線の調子を合わせ、民謡をうたいだした途端、人の叫ぶ声が聞こえた。

「火事だ、火事だ……」

一瞬、キクエに流れていた時間が止まった。急いで三味線を抱えたまま泊まった家に戻った。ところが火事はお世話になっていた家の近くだったことで、キクエらは焦りに焦った。その家の家族は早朝に糸魚川に出かけて留守。荷物をまとめはじめたが、気が動転して荷物をうまくまとめることができない。本来なら、連尺《れんじゃく》（麻で編み、肩にかかる部分を広くした荷縄。キクエたちの連尺は、強度を高め肩を痛めないように、端布を巻くようにして縫い合わせたもの）を用いて背負うのだが、連尺を使う暇もない。

三味線は折りたたむことができない。喜捨で集めた米も、荷物の間に挟むことができない。仕方なく米の袋を手に持ち、折りたためない三味線を両手で挟み込むようにして持ち運ぶものの、三味線は両の手からすり抜けるように地面に落下する。拾おうとすると、米の袋が落下する。着物の裾を踏んで転ぶ。キノエが手を引いてくれるのだが、気が焦っているせいか、いつものようにキクエの歩調に合わせて歩くことができない。下駄が脱げる。それを手に持って歩こうとすると、今度は背中の荷物が大きく傾いて思うように歩くことができない。足袋跣《たびはだし》のまま、転び転び歩く。

「おまんた、そんなとこでぐずぐずしてると、焼け死ぬぞ。まごまごしてないで急げ」

〝糸魚川の喧嘩祭り〟に出かけなかったばあさんが、大声でキクエらを急かす。急かされても思うようには歩けないのだ。一瞬キクエは背負った風呂敷を捨てようと思った。その中身はお座敷用の着物やお召し替えだ。焼けてしまえばこの先の旅に影響する。キクエは居直った。どんなことがあっても全部持っていくと決心した。結局、その家は類焼を免れた。家の前に湧く清水が家を守ってくれたのだ。

キクエらはようやく浜までたどり着くことができた。糸魚川のほうから男衆が急いで駆けつけてくる。ポンプ車が来る。どんどん迫ってくる。その足音を聞くだけで立ちすくんだ。

「おい、危ない、どけどけっ」

まごまごすると、すっ飛ばされてしまう勢いで目の前を通り過ぎていく。キノエにぐいと手を引かれ、道ばたにくずおれた。あらためて荷物を連尺に取りつけ、一里から二里ほど先にある中宿という村を目指した。中宿で足に痛みを感じた。足袋は笹草で穴が開き、血がにじんでいる。中宿の馴染みの家で休み、新しい草鞋に履き替えて糸魚川を目指した。

東頸城郡浦川原村にある日光寺への旅

瞽女たちの〝宿願〟は、「一度でいいから、自分の目で家族や世話になった人たちの顔を見たい」ということである。「五体不満足」ゆえ、〝視覚〟を除いた〝聴覚〟〝味覚〟〝嗅覚〟〝触覚〟（四感）が「五体満足」の人たちより格段に鋭い。その残された「四感」を研ぎ澄ませて〝見る〟のである。

彼女たちはまるで見てきたように話す。そういいながら目の見えない瞽女の本音は、やはり自分の目で世の中を見たいということだ。キクエも「もしも、もう一度生まれ変われるんなら、目明きの普通の娘になって毎日を送りたいと思うね。そして、あの椿の赤い花や、げんぼしの青い葉っぱ、それに、懐かしい瞽女宿の人びとの顔をこの目で見てみたい。これもすべては因縁さ、諦めているよ」という。

キクエも、目にご利益があると聞いて東頸城郡浦川原村杉坪山の日光寺にも出かけた。キクエが日光寺で修行したのは、二〇歳のときといっていたので、おそらく大正六年の頃だろう。

杉本キクエは次のように回想する。

わたしが東頸城の杉坪山にある日光寺に行ったのは、二〇歳のときだったね。その頃ほんとうに胃の調子が悪くてさね、医者にかかりっぱなしだったの。日光寺は目のお寺さんだって聞いていたけど、身体のすぐれない人にもご利益があるというんで出かけてみたんだよ。ついでに目のほうもよくなればと思ってさ、手引きのミツエを連れてさ。稲田の橋を渡ると一面田んぼで、植えたばかりの苗が風に吹かれて波打ってんのさ。暑い日でね。途中、馴染みの家で休ませてもらいながら、出かけたよ。

日光寺は杉坪山の中腹にあってさ、急坂がつづいて、息、切れんのさ。お堂にはわたしらみたいに目の見えない人はあんまりいなくてさ、頭の悪い人とか、胃悪い人とか、ちょっと婦人科が悪いとかね、そんな人たちがいっぱいいるんだよ。

いよいよ修行がはじまった。食事は三度三度なんてしないのさ。朝は抜きで、一一時頃になると、「お昼ですよ」っていってね、満足なのはこれ一回きり。四時頃になるとお香煎っていって小豆を茹でてね、わたしの付き人がこれをしてくれんのさ。洗濯なんかは外へ出ると、きれいな水いくらでもあるしさ。そこでやるんだよ。こうして一週間はあっという間に過ぎてしまった。

二週間目からは、いよいよ空断食がはじまんのさ。飲まんし食わんのさ。一時間木魚叩いてね、お念仏唱えんのさ。

オンコロコロ　センダリマトオギソワカ

オンコロコロ　センダリマトオギソワカ

一時間やって一時間休むんだよ。これを何回でも繰り返すんだよ。お内陣さんていって、男の人がわたしに水をくれるんだよ。これ飲む水じゃなくてね、仏さんからいただいたありがたい水でさ、それを、目につけたりするんだよ。

そしていよいよお百度参りがはじまった。

お堂から山門まで、お祈りしながら一〇〇回往復しるんだ。途中、段々のところで箸を一本ずつ置いてくるのさ。回数を間違えないようにさ。一週間毎日やった。このときは一切飲みものも食べものもとらない。苦しかった。ご利益があるっていうんだから、必死の思いでつづけた。

お百度参りが済むと、一週間、前と同じことを繰り返した。こうして三週間修行したけど、なんもご利益はなかった。ただし、胃の調子は改善した。でもね、修行を終えた頃にはすっかり痩せこけてしまったのさ。

瞽女は汽車に乗ることもあった

キクエが一九歳のときだから、大正五年の話だ。瞽女の旅は歩くことが基本である。足元が元気なら、どんな急峻な山道でも登ることができた。峠を越すと坂道を急いで下ることも可能だ。その分、早く村に着き商売をはじめる時間も早くなる。それだけ喜捨による実入りも増えた。

しかし、信州などの長旅にはたまに汽車を利用することも可能だった。高田に帰る日にちが厳格に決められていた時代には、便利な交通手段を利用することも許されていた。

そのときの春旅は、西頸城方面の旅で名立駅から直江津駅で乗り換えて高田まで帰ることに決めていた。手引きで目明きのキノエも同行しているので、慣れない駅での乗り降りに不安はない。

「キノエ、汽車の切符買ってこいよ」

キクエが財布を渡した。窓口から戻ってきたキノエが浮かぬ顔をしている。

「姉さ、この汽車、急行っていってるけど、急行ってなんだね」

キノエは急行を知らない。キクエも聞いたことがない。

「急行だっていうから、切符買わんできたよ。もう少し待てば、次のが来るっていうからさ」

「そうかい、そんなら乗らんでもいい」

キクエには、急行は名前からしてただ速く走る汽車だった気がした。

「キノエ、急行っていうのは、急ぐ汽車なんじゃないのかね。駅にもろくに停まらん汽車をいうような気がしる」

駅員に聞けばいいのに面倒だから聞かない。急行は間もなく駅を出ていった。一時間も待つと次の汽車が来た。その汽車に乗ると、同じ席になった人に聞いた。

「そりゃ、きっと走るのが速い汽車のことをいうんじゃないのかね」

キクエと同じ考えの人がいると思い安心した。同時に、次の汽車に乗ってよかったと胸を撫で下ろした。急行という速い汽車は、切符も高いだろうと思った。名立駅から高田駅までは近い。無理して高い切符を買う必要はないと思った。

キクエを好きになった人びと

瞽女は女性である。酒の席でうたうのだから口説かれることが少なくなかった。とくに器量のいい瞽女は例外なく口説かれた。そのため身を持ち崩して「はなれ」になる瞽女もいた。身持ちのいい悪いは人それぞれである。これは目明きの世界でも変わらない。ごく稀だが、妻として迎えられる瞽女もいた。とくに手引きの瞽女は、もともと晴眼者であるためその機会が多い。

杉本キクエも旅に出るとよく口説かれたと話す。東頸城郡の松代村に出かけたときの話である。馴染みの瞽女宿でキクエが髪を梳《す》かしているとき、役場に勤めている若旦那が、キクエのところに来て、こう呟いた。

「高田のおっかちゃ、おまん、どうして旦那断って暮らしてなんね」

「そんなこといったって、相手がわたしと同じ目の見えない人なら、ご飯もろくに食べさしてくんないでしょう。わたしに勝るような気の利いた月給取りの奥さんになれば、今度はその人のいうことを守れないよ。わたしは目が見えないんだから……」

「ばかいうない。おまんみたいにそんなことという人ってあるもんかね。自分の旦那ならば、侯爵だって、伯爵だって、どんなに身分の高い人だって、その人の奥さんになりゃ、なんも気遣いなんていらんでしょう」

どうもキクエをからかっているように聞こえた。

「目の不自由なもんは、目の不自由な商売してりゃ、人は情けをくんなして、それでいいんだよ。わたしらの世界には、わたしらにしか通じない世界というもんがあるんだよ」

「よくまあ、それで通してきたもんだ」

嫁にいっても、途中で旦那に捨てられて戻ってくる瞽女もいた。そういう瞽女は仲間から下に見られ、居場所をなくして「はなれ」になるしか生きていく術《すべ》がなかった。キクエには、そこまでして嫁になろうという気持ちはない。高田瞽女の組織に守られていれば生きていくだけのことは保証されるのだ。こういいながらも、キクエには目さえ明いていたなら、嫁になってもいいと思える人がいた。

西頸城郡の大平村に旅したときの話。唄も三味線も達者な村人がいた。名前を音田といった。夜の宴会には必ずやって来てキクエたちの唄を聴いて涙を流した。田舎の便所は決まって家の外にあった。演奏を済ませたキクエが便所に行くため庭に出た。すると、音田もキクエのあとを追うようにして庭に降りてきた。そして、いきなりキクエの左手をつかむとこういったのだ。

「おまん、もうこれで別れにしようね」

いわれたキクエにはなにが起きたのか皆目見当もつかない。

「おまんをお岩さんに連れていこうと思ったんだけど、とうとう一度も行かれんかった。せめて、そこへ行って、少し目を開けておれの顔を見てもらいたいと思ったんだが、それも叶わなかった。申し訳ない」

キクエには思い当たることがあった。音田は高等学校時代に友人に石をぶつけられ、その石が目に当たって失明したと聞かされていた。そこで越中（富山県）にお岩さんと呼ばれた寺があり、目の病気を患った人はそこに出かけて願掛けをした。

なかには回復する人もいて、ご利益があると評判の神社だった。梶屋敷近くの田伏《たぶせ》という村に、お岩さんの「おてばり（分寺）」があった。そこに出かけて願掛けをした結果、音田の目が開いたという。そこにキクエを連れていき、開眼の願掛けをして目明きとなったキクエに、ひと目自分の顔を見てほしかったということだった。キクエは素直にうれしかった。音田の優しさに惹かれもした。

ところが、この話を密かに聞いていた人物がいた。音田の妻である。

「このばか野郎、ばか野郎。かかあも子もあって、なにいってんなだ。このばか野郎」

村中に聞こえるような大声で叫んだのだ。家のなかからは数人の村人がなにごとかと飛び出してきた。音田は驚いてその場から逃げ出すと、そのまま闇のなかに姿をくらました。

村人からは、キクエとその音田とはいい仲だったんだという噂が流れた。

「おれはなんも悪いことしていない。そりゃ、唄好きだから、酒飲めば浮かれもする。そうか、そういうんなら、これから酒やめる」

こういうと、音田はその日から酒を一滴も飲まなかったという。あんなに酒が好きで、唄も大好きな人がキクエのために断酒したのだ。翌年も、その翌年も大平村に出かけた。

音田も瞽女宿に来てはキクエたちの唄を聴いた。しかし、酒は飲まなかった。でも、噂だけは残った。

「ハルちゃと音田くんは仲がいいんだってね」

音田の妻の妹が大平村近くに嫁に来ていた。それを聞いた妹が、こういってキクエをなぐさめたという。

「おまんた、瞽女さになんていうことというんだ。瞽女さ泣かしてどうしるか。瞽女さになんの罪はないよ」

キクエはうれしかった。妹の言葉だけではない。音田のキクエを思う気持ちがたまらなく愛おしかった。その翌年、大平村に出かけてみると、音田の姿はなかった。聞くところによると、キクエに迷惑をかけるとして、顔を出すことを諦めたという。

キクエを口説く人たち

西頸城郡の筒石という海沿いの村に出かけたときの話である。その頃のキクエは杉本家の親方として、一緒に旅するよその家の若い瞽女の世話もした。キクエはこれを「監督する」という。若い瞽女たちを身の危険から守る立場にあるということなのだろう。

「親方、子どもの監督ばかりしてないで、自分もいいの持ちなよ」

筒石の漁師は気性も荒いが、気っ風もいい。こういってキクエに迫る村人は大勢いた。この時代、結婚するということは、本人たちの意志より家同士の結びつきのほうが強い。とくに地主や大きな自作農家はその気持ちが強い。「田分け」という言葉がある。文字通り「田を分ける」という意味だ。分家して田を分けるということは、それだけ家としての力を削ぐことになる。「田分け者」を、「戯け者」と同義語で使うことがあった。田を分けるほどばかな者はいないということだ。

田畑は長男が跡を継ぎ、次男以下は「田分け」には与《あずか》ることなく、家を出ることが求められた。長男の嫁が死ぬと、嫁の実家の次女が後妻で迎えられた。不幸にも次女が逝くと三女が迎えられた。できるだけ結びつきを狭めて財産の流出を最小限にしようとした結果が、こうした風習を生んだのだ。

こうした考えは漁村にもあった。筒石に屋号を油屋と呼ぶ家があった。江戸時代、一般市民に名字はなかった。苗字がつけられるようになったのは、明治期になってからだ。キクエたちが旅するようになった大正・昭和の時代には苗字のない家はなかった。ただ、呼び慣れた「油屋」とか「鍛冶屋」という屋号は残された。「油屋の光男」という具合である。先祖が油屋を営んでいたのだろう。

筒石の油屋の長男が除雪作業中、汽車にはねられて即死した。油屋は代々名家だったのだろう。長男の嫁を次男に押しつけたのだ。長男の嫁の家も名家だったのかもしれない。一二歳も年上の女を──。次男は拒否した。でも、その家の家長である祖父が拒否を認めない。

「おまんがこの嫁を出せば、この家は断つ。子どももまだ幼い。おまんがうんといってくれさえすれば、すべてが丸く収まる」

泣く泣く嫁にしたという。こういう時代だった。

油屋の次男は放蕩した。芸者も買うし、酒も浴びるほど飲んだ。しかし油屋の誰もが文句をいわなかった。こういう事情を抱えていた時期に、キクエたちが筒石を訪れたのだ。

この旅には、草間家のハル（キクエの幼名と同じ）という瞽女も同行した。ハルは目明きで手引きをした。西頸城の海岸沿いの村には、「青年の家」と呼ばれる二階建ての大きな建物があった。祭りなどの村の行事には、そこに集まりさまざまな作業をした。祭りの夜は当然ながら、普段でも村の青年たちが集まっては芸者を上げて、毎晩宴会を開いた。キクエたち瞽女も呼ばれては瞽女唄を披露した。夜が更けると男たちの大半は帰宅した。しかし、油屋の次男は残った。

「ねえ、姉さ、ちょっと来てくんない」

キクエを呼び出すのだ。

「あのさ、若いハルちゃ、ちょっとの間、俺に貸してくんない」

「なにいってんなだ。ハルはわたしの弟子でもないし、他家の弟子だよ。傷がつかないようにしてあげるのが、わたしのつとめだよ。そんなことできるわけないじゃないの」

「ふうん、そういうもんかい。そんじゃ、おまんでもいい」

「ばかいうんじゃないよ。とんでもない話だ。自分で監督する人が、奥さんのある人を引っ張っちゃったなんていわれてみなさい。それだけはどんなことがあってもできないよ。簡単に転ぶ、そこいらの達磨芸者とは違うんだよ」

「へえ、瞽女さというのは堅いもんなんだね」

こういって次男は帰っていった。長男の年増女房を押しつけられたのは気の毒だとは思うけど、それとこれとは大違いだ。瞽女は身持ちが堅いのだ。


翌年、キクエたちは再び筒石を訪れた。キクエは三十路《みそじ》を越していた。今度は油屋とは違う村人がキクエを口説きに来た。

「今晩、お付き合いしてくんない」

その人は近いうちに兵隊として召集され、村を離れることが決まっていた。

「姉さ、頼む。今晩お付き合いしてくんない。おれはおまんの気性がえらい（激しい）ということは承知している。瞽女というのはずいぶん堅い商売だということも聞いている。そんな堅い商売の人ならなおさら、たとえ一時間でもいいからおまんと寝てみたい」

「なにいってんなだ。おまんたいくらでも芸者買われんじゃないの」

「なにいってんなだ。芸者なんてたやすいよ。おまんたは一度別れるとまた来年まで逢わんなくなる。だから、余計におまんと一緒にいたい」

いくら断っても聞いてくれようとはしない。仕方なくキクエは次のような芝居を打った。

「そんなにわたしを責めるんなら、分かった。ここにいては人目もつくので、わたしを連れてどこか遠いところに逃げてくんない」

キクエは男が間もなく召集されることを知っていた。逃げることなどできるはずもない。男が驚いた様子がキクエにも伝わってきた。この様子を見ていた草間家のキサが大声を上げた。

「えんきょう（字不明、屋号）、姉さばなにする気だ」

男の背中をどんどんと叩いた。困り果てた男は、逃げるようにその場を去っていった。

若い頃のキクエには、こうした危ない場面に遭遇することは一度や二度ではない。そのたびに逃れる算段を考えていた。見えないが相手の雰囲気で様子を判断することができた。相手を傷つけない回避策が頭のなかにあった。キクエの生家青木家では、もし、子ども拾う（子どもを産む）ようなことがあったら、帰ってきて子どもを育ててもいいという。キクエの気持ちは複雑だ。ただ不祥事を起こす自分を想像できない。ありえない。

瞽女宿の夜はキクエたちの演唱を肴に決まって宴会になる。酔えば悪さをする村人もいる。キクエににじり寄る。キクエはそれを感じると、懐中から畳針を取り出し、ときどきそれを畳に刺した。あらゆる手を使って酔客から逃れた。

エッチな唄ばかり教えてくれる瞽女

旅に出ると思いもよらない体験をすることが多い。柿崎の近くに三ツ屋浜という村があった。柿崎には浜瞽女という人たちがいた。おもに浜づたいに商売する瞽女たちで、気ままにひとり旅をすることが多く、高田瞽女のように厳しい掟や「座」という組織もなかった。気が合えば浜瞽女が数人集まって旅をすることもあった。

途中で、キクエはひとりの浜瞽女に会った。

「あんたら、商売仲間の人かね」

「はい、わたしら高田の瞽女さだよ」

「そうかね、わたし、直江津のほうへ下っていくんだが、どうだね、分かれ道まで一緒に連れてってくれんかね」

キクエたちには目明きの手引きがいた。手引きが浜瞽女の手を取って歩きはじめた。浜瞽女は愉快な人で、道々いろんな唄の文句を教えてくれた。それも、当時流行っていた少々エッチな唄なのである。その旅には高田の三人の若い瞽女が同行していた。この若い瞽女が意味も理解できないのに、面白がって覚えたのにはキクエも驚いた。

〽大きなオ〇〇コに豆かせろ
まっぴら御免ぞ歯がないよ
夕べの松茸どうして食べた
松茸食べないツュ吸った

〽宮のこわきに立ちぼぼう
ところへ神主飛んできて
これこれ若い衆なにをする
氏子を増やす種増やす種を蒔く
それトットコト

〽夕べとった花嫁は
色が白くて毛が黒い
どこも悪いとこはなけれども
大事なオ◯◯コかわら毛だ（毛がない）

子どもらは覚えるのが早くて困った。意味も理解できないのに、何度も口ずさむうちに覚えてしまう。子ども心にも、エッチな唄だということは分かったのだろう。これを夜の宴会で子どもがうたうと、男衆が大喜びなのである。キクエは、はらはらしながら三味線で伴奏をする。今ならさしずめ教育上問題だということになるのだろうが、商売の世界では、喜んでもらってナンボなのである。ご祝儀に直結すればなにも問題になることはない。

その浜瞽女からは、その後もたくさんの怪しげな唄を教えてもらった。その浜瞽女は、三度も生まれ変わってはその都度瞽女になったという。瞽女の集大成みたいな人だから、瞽女唄を覚えるのがとにかく早いのだ。三度とも盲女として生まれてきたのは因縁だと話す。こういう人を天性の瞽女というのだ。

〽暗い晩だ暗い晩だ真暗闇だ

おやじつかめて色話
なんだこのアマふざけるな
あらうちのまたとうちゃんか
すまないね
トンコトン
（秋田節）

〽三千世界は天の下
雨の降る時傘の下
わたしとあなたはやご（夜具）の下
あらうまいことしおまいかヘソの下

幼いシズコだけは肝心なところへ来ると、「……ヘソの下」と声が小さくなる。

「がきのくせして、よく分かってんだね。このがきゃ小さいくせしてさ」

キクエは笑いながら話す。その顔は優しさに溢れていた。

わたしがキクエ、シズコ、コトミと一緒に旅をした話

高田瞽女と一緒に旅をしたといっても、往復タクシーの旅である。昭和五〇（一九七五）年三月一二日、中頸城郡板倉町（現上越市板倉区）高野で行われた敬老会にゲスト出演するためである。この時期、近くの町や村から出演の依頼があった。キクエたちは旅装束で出かけるが、瞽女宿で演奏するときに着る座敷用の晴れ着は着ない。

三月といっても高田の市街は、雁木道にも掃き出された汚れた雪が残っている。窓外に見える越後路には肌寒い風が吹き、農村の光景も春とはいえない寒々した風景が広がっていた。遠く妙高の連山に目をやると、厳しかった冬を物語るように、まだらに消え残った雪が見えた。ちょうどこの頃、このあたりに吹く風が、フェーン現象を起こして急激に温度を上げる。そのために雪の絨毯から一斉に水蒸気が立ち上り、近くの杉林に囲まれた村々を一瞬のうちに白い靄《もや》のなかにかき消してしまう。それこそジュージューと音を立てるようだと村人は話す。この現象を「雪ねぶり」といっている。かつてそのなかを一列に並んだ瞽女たちが、見え隠れするようにして歩いていったに違いない。

会場に充てられた敬老会館には、すでに大勢の老人たちが集まってそのときを待っていた。

「まあ、親方、よく来なさった。元気だったかね」

「まあ、このとおりさ。おまんたも元気そうでなによりだ」

上座に通されると、すぐに昼食会がはじまった。酒が振る舞われ、ほろ酔いの人たちの笑い声が聞こえてくる。頃合いを見計らって舞台に登壇。途端に、大きな拍手が沸き上がった。

「なに聴きたいかね」

「そうだね、やっぱり『葛の葉の子別れ』だろうね。お願いできますか」

「そうかね、それじゃ、それにしっか」

中棹の三味線の調律をする。ひと呼吸置くと一気に前奏を弾き出した。

さらばによりてはこれに又
いずれにおろかはあらねども
もののあわれをたずぬるに
しゅじなるりやくをたずぬるに
なに新作もなきゆえに
葛の葉姫の哀れさを

あらあらよみあげたてまつる
夫に別れ子に別れ
もとの信太へ帰らんと
心の内に思えども
いて待てしばしわが心
今生の名残りに今一度

舞台を終え、敬老会館の玄関からタクシーまでのわずかの距離を、手引きのコトミを先頭にキクエ、シズコの順で歩いた。それは紛れもないキクエたちが数十年間つづけた旅するときの順序であり、歩き方であった。わたしは初めて目にする光景だった。一瞬だった。帰りにタクシーのなかで、わたしは榛《はん》の木の立ち並ぶ畦道、「雪ねぶり」に霞《かす》む春の頸城平野の光景を思い描いていた。

助手席からうしろを振り返ると、コトミは窓外に目をやり、キクエは前をまっすぐに見据え、シズコはさっき飲んだ酔い止めの空袋を握りしめたまま、三人とも無言のままであった。

第二章　夏の旅

夏の旅の日程

夏の旅は酷暑の越後を離れ、山岳地帯が広がる信州へ涼を求める旅となった。二か月近い長旅ゆえ、喜捨の量も格段に多くいい商売となった。

・夏の旅の日程（六月二〇日～八月一二日）
高田～中宿～橋本～大鹿～四ッ谷～関山～二俣～大谷～桶海《おぎみ》～樽本～土路～大鹿～長沢～富倉～大川～藤ノ木～中曽根～中条～温井～笹川～藤ノ木～替佐～今井～豊野～（汽車）～上田～丸子～宇山～三井～小平～春日～下原～五郎平新田～八幡～臼田～高野町～畑《はた》～鶯《うそ》ノ口《くち》～畑《はた》～岩水～臼田～瀬戸～志賀～安原～三岡～（汽車）～高田
幼い頃は、長野～豊野～牟礼～野尻～関山～高田という道順も旅した。また年によって、糸魚川～上刈～根小屋～小谷～中土～池原～下里瀬～森上～四ッ谷方面へ出かけたこともあった。

・やぶ入り（八月一三日～二〇日）
実家に帰って盆を楽しんだ。

・西頸城方面への旅（八月二一日～九月二四日）

高田～正善寺～中ノ俣～土口《どぐち》～大淵～田野上～折居～東飛山～谷口～仙納～谷口（能生谷の）～溝尾～須川～槇～島道～小見～東海《ひがしうみ》～西海～井沢～栗倉～来海沢《くるみざわ》～釜沢～上出～高谷根～中谷根～宮平～猿倉～砂場～土倉～湯川内～大平～越～東海～木浦～筒石～吉浦～中桑取～高田

信州の旅は風が見えるような気がした

高田の瞽女は、夏場になると越後よりも涼しい信州を旅した。それぞれの家が集まり、ひとつの〝組〟をつくって馴染みの家々を訪ねる旅である。馴染みの家、つまり瞽女宿は組ごとに違った。見知らぬ家にお世話になることはほとんどない。旅の道筋（順番）もそれぞれ違う。しかし、信州の旅で唯一守らなくてはならないのは、高田に戻る日にちが決められていたことである。それが八月一二日という日である。

ある年の夏、キクエたち杉本家は、懇意にしている草間家の瞽女たちと組んで信州への旅に出た。杉本キクエが、「数え一三歳の年だった」と証言しているので、明治四三（一九一〇）年の夏の旅となる。

高田瞽女の世界にも出世というものがある。「名替え」もそのひとつで、養子としてもらわれてきてから（厳密には養子ではない。瞽女屋敷に〝弟子〟として入門する。ただし、瞽女の大半は実家に帰ることもなく、独立してその家の親方を継ぐことになるため、〝養子〟という表現をすることが多い）七年目に、「本曲《ほんぎょく》」となり、同時に「名替え」、つまり「芸名」を持つことが許された。キクエの場合、「ハル」という杉本家の俗称から、正式に「ハツウメ」という芸名になった。ただし、普段は芸名で呼ばれることはない。

この儀式は、まるで世間の祝言（結婚式）に似ていた。実際に嫁入りの衣装を身につけ、三三九度の杯もやった。式のあとは高田にあった一七軒の親方に挨拶して回った。キクエの場合には、本誓寺町の杉本家に親方衆が集まり祝ったということなのだろう。

祝言というのは、男と女、家と家との〝契り〟を意味する。男のいない、女だけで執り行われる祝言という異様な光景はなにを指すのだろう。ただ、七年の修行を経た瞽女が、正式に家（瞽女屋敷、キクエの場合は「杉本家」の一員として認められた）の家族（高田瞽女杉本家の〝座員〟）になったという意味が込められているのは確かだ。

わたしは山形県天童市の若松寺にある「むかさり絵馬」を思い出した。戦死などで結婚できない人があの世で嫁（婿）を迎える。そのための絵馬を寺に奉納するという風習があった。高田瞽女の「名替え」という儀式はそれに酷似していた。

通常、杉本家は懇意にしている草間家と組んで旅をするのだが、その年は二手に分かれて信州の旅に出ることにした。杉本の親方マセは、たまたま信州に旅に出る五ノ辻（町名）の、「江戸の木」という屋号の瞽女にキクエを託した。

江戸の木は、経済観念に長けており、つまりケチで、汽車に乗ることを極力避けた。全行程を歩きで通した。五ノ辻では、喜捨の旅は上田からスタートさせるのだが、高田から上田までひたすら歩くのである。上田に着く。それからうねうねと高田を目指す。一三歳のキクエには辛い旅となった。上田から小県《ちいさがた》郡に出て、小諸から佐久方面に旅をつづけた。キクエの記憶では馴染みの瞽女宿ではなく、旅館（商人宿）に泊まったと証言している。ケチなわりに商人宿に泊まるというのは意味不明だ。馴染みの瞽女宿が少なかったのだろうか。

「上田から一日歩き通しで善光寺まで来た」というが、上田の定宿から長野の善光寺までは約三七キロメートル。とても一三歳の子どもが一日で到達できる距離ではない。おそらく、そう証言することで、辛い旅の様子を表現したかったのだろうと思う。

善光寺の前を流れる大きな川（裾花川）まで来た。当時はまだ木の橋で、それでも頑丈に造られた橋だった。一三歳のキクエは草鞋を履き、自分の荷物を背負っての道行きである。荷物には、草鞋が三〇足、自分専用のお召し替えの着物、雨天用の桐油合羽、荷物を背負う紐など子どもとはいえかなりの量となる。

「ハル、足痛いんか」

「ううん、痛くない」

こう聞かれてもキクエは痛いとはいえない。ただ、涙を流すだけだ。不思議なことに、宿に着き、荷物を降ろすと軽くなる。痛みも疲れも吹き飛んでしまうのだ。

小諸から一里ほど佐久のほうへ歩くと、三岡という桃の名産地がある。信州の土産だといって、マセに食べさせるつもりで買うのだが、桃は日持ちがしない。結局、道々食べながら歩く。三岡の桃はとろけるように甘く、新鮮だ。食べ切ってしまうとまた桃を買う。そうしながら高田まで持ち帰るのである。

江戸の木との旅はつづく。善光寺を出てから野尻に一泊。それから関山に泊まった。

「そうかい、信州行ってきたのかね。辛かっただろうに……」

村人が幼いキクエを見て、優しい言葉をかけてくれた。

関山の宿では夜中に起きて旅支度をした。日中は焼けるような暑さになる。そこで夜中に宿を出た。一里半ばかり歩くと、二本木の村に着く。村の青年たちが夜遊びをしている。

「あら、瞽女さ、どうしたんか。そんな朝早く起きて、歩いてるなんて……」

「おりゃ、今日、高田に帰るんだ……」

新井の板橋というところまで来ると、草を刈っている百姓に会った。農耕馬用の草刈りだろう。

「関山から歩いてきたんか。えらいなあ」

と、呼び止められた。

新井の一番はずれに石塚という村があり、杉本の定宿（豆腐屋）があった。

「あら、瞽女さでねえの、休め休め」

こういって縁側に休ませた。

「そんなら、豆腐くんない」

豆腐をおかずにして朝食をとった。高田に着いて、ようやく空が白みはじめる。夜遅く着くのとでは、疲れ方が違った。


瞽女の家（瞽女屋敷）で生活する人数はそれぞれ違う。親方の裁量の違いが人数にも大きく影響した。この点では、相撲の社会に酷似している。親方のスカウト力がものをいう。基本的に喜捨で得たお金や食料（おもに米）は、人数で平等に分ける規則になっていた。だから、大人しかいない杉本家と組む草間家にいる幼い（旅に出ることが少ない、つまり喜捨を得る機会が少ない）瞽女も一人前として計算される。瞽女という世界を維持していくための知恵なのだろう。

瞽女宿で毎晩繰り広げられる演唱会（瞽女唄の披露）では、瞽女唄のうまさ、三味線の技術には大きな差が生じる。すぐれた瞽女にはご祝儀の額も多い。杉本家には、代々力量のある瞽女を数多く抱えてきた歴史があった。キクエもそのひとりだ。

「平等に分けるのが決まりだからね、仕方がないよ」

過度の苦情をいうキクエではないが、心のどこかには引っかかるものがあったと思う。「仕方がないよ」という言葉にこの世界で生きていくことへの諦観もあった。加えて、多額の祝儀を得ることができた自身の矜持もあった。

三五人の瞽女、洪水であわや……

このときの信州の旅では、キクエたちは全行程を歩いた。

一方、信州からの帰途、汽車を利用することにした瞽女たちが大変な目に遭ったのだ。突然の水押（洪水）に遭遇して、身動きがとれなくなった。一二日には是が非でも高田に帰らなくてはならない。翌日の一三日は「やぶ入り」。二〇日までの一週間、それぞれの瞽女が実家に帰り、しばしの骨休めをする。幼い瞽女たちには、両親に会える心待ちにしている行事である。

たかが「やぶ入り」である。だが一二日までには高田に帰らなくてはならない。これが、この当時の瞽女の「決まり（約束事）」だった。一般的には理不尽な規則に思われるだろう。しかし、こうした決まり事をすべて遵守することが、結局は瞽女の世界を維持することになるのだ。

さて、水押に遭った瞽女たちはどうしたか。夏の信州の旅は、一一日に上田を発ち、篠ノ井の駅から汽車で高田に帰る手はずになっていた。ところが水押で道路が冠水。歩く道が分からない。目明きの手引きは困惑した。目の見えない大半の瞽女たちは不安と恐怖で足が前に出なかった。

篠ノ井の橋は千曲川に落ちて、濁流に呑み込まれたままだ。この橋を渡ることができなければ汽車に乗ることもできない。上田を発ち、篠ノ井の橋までたどり着いた瞽女が総勢三五人。身動きのとれない瞽女たちはただ立ち尽くすばかり。

「んま、若い瞽女さもいりゃ、年寄りの瞽女さもいる。まあ、これだけの瞽女さをどうして渡せるかいな……」

気の毒に思った渡船の船頭たちが人数の多さに驚いた。

「今日のうちに帰らんきゃ、仲間になにいわれるかわからんなだ」

長老格の瞽女が船頭にこぼした。

「なんとしたって、三五人一緒に渡せるか」

「お願いだ、なんとか渡してくんない。お願いだ、お願いだ……」

しばらくの間、船頭と瞽女頭とで押し問答になった。仕方なく、瞽女たちをふた手に分けて渡すことにした。増水した千曲川は荒れ狂うように流れを速めた。船は流れに押されて大きく傾いだ。傾ぐたびに、ごぶーん、ごぶーんと音を立てて左右に振れ、そのたびに水が船内に流れ込んだ。瞽女の耳には激流の音がゴー、ゴーと聞こえる。船がギシギシと身もだえた。生きた心地がしない瞽女の誰もが、南無阿弥陀仏と唱えた。

かなりの時間を要して向こう岸にたどり着いた瞽女たちは安堵の胸を撫で下ろした。荷物を背負い、歩き出した。篠ノ井の駅を見下ろせる高台に来た。

「篠ノ井の駅が見えたぞ、篠ノ井の駅だ」

手引きの誰かが叫んだ。その場に居合わせた誰もが喜びの声を上げた。

次の瞬間、ピョーッという汽笛の音。すでに篠ノ井駅に到着した汽車の出発の汽笛だったのだ。

さあ、三五人の瞽女は魂消《たまげ》た。誰ともいわず〝とんだ（走った）〟。とんで、とんで、とびまくった。

「待ってくれー、待ってくれー」

この様子を見て気の毒に思った駅員が、少しの間、発車の時間を遅らせるべく車掌に掛け合ったのだ。幸いにも、洪水で汽車自体が大幅に遅れていた。少しの時間を待つことにさほどの問題があるわけでもなかった。

「はーっ、急げ、急げっ」

目明きの手引きが大声で叫んだ。再び三五人の瞽女たちが〝どんだ〟。

通常、雨具などは脇の下に挟んだり、頭の上に載せて運ぶ。なかには弁当の袋に荷物を詰め込む者もいた。しかし、〝どんだ〟瞽女たちのなかには、その弁当袋を落とす者、脇に挟んだ雨具を落とす者など、大変な騒ぎになった。待ってくれている汽車に乗り遅れでもすれば、今日中に高田に着くことができない。着くことができなければ大変なことになってしまう。気が気ではない。

「待ってくれー、待ってくれー」

瞽女が叫ぶ。

ところが、そのなかに十二指腸を患っているオリュウという瞽女がいた。オリュウは思うように歩くことができない。ノロノロと歩を進める。オリュウには、ナカという目明きの弟子がいた。手引きとして預けられた子どもだった。

「おまえちゃ、ナカ、どうしたいのう」

ナカを気遣うオリュウは、子どもの瞽女にこう聞いた。初旅に近い幼少の瞽女には過酷な旅であることにオリュウは気づいていた。

「ナカちゃ、足痛いって、まだ向こうのほう（後方）にいるわ」

聞かれた子どもの瞽女はこう答えた。

「おまん、ナカ呼ばってきてくれや、呼ばってきてくれや、頼む！　頼む！」

こういって弟子のナカの身を案じた。ほかの瞽女はナカのことより、歩行困難なオリュウのことに気をもんだ。こうしてオリュウを最後に、無理やり汽車に引っ張り込むことができた。

歩いて高田に到着したキクエたちは、帰りの遅いほかの瞽女のことを心配した。北本町の神保家では、懇意にしている瞽女たちに声をかけ高田の駅に集まった。すでによその瞽女たちもいた。三五人の瞽女たちは深夜になって高田駅に降り立った。キクエは、「みんな、死んだ人みたいになって帰ってきた」といった。

千曲川に瞽女が一九人

ときによっては大勢の高田瞽女が、示し合わせたようにして旅をすることもあった。年代について、キクエは若いとき、という記憶しかない。

その年は、高田の瞽女が一九人も一緒に信州の旅に出た。まず、上田に立ち寄り、その後は小県郡を流した。それから千曲川を右手に見ながら南下し、小海線とつかず離れず馬《ま》流《ながし》あたりまで旅をつづけると、今度は千曲川を左手に見ながら、小諸を目指して旅をした。

小諸の少し手前、三岡駅の近くにキクエたちの馴染みの瞽女宿があった。いつも大変歓迎され、三、四日お世話になるのが常だった。近所の家から大勢村人が来て、来る日も来る日もキクエたちの瞽女唄を聴いた。その分、喜捨の量も格段に違った。商売するキクエたちから見れば上得意だった。

ラジオが本放送を開始したのが大正一四（一九二五）年七月一二日である。キクエたちが三岡駅近くの馴染みの瞽女宿を訪ねた昭和初期にラジオを購入できたのは、裕福な家か豪農（庄屋、地主）で、村全体にラジオが普及するには時間がかかった。ちなみに昭和初期の真空管ラジオが五〇円。白米一〇キログラムが二円五〇銭の頃の話である。ラジオを備えている家は村にはほとんどなかった。いわゆる娯楽と呼ばれるものがなかったのである。

三岡は桃の名産地でもあり、リンゴも信州ものとして有名だった。養蚕も盛んで、どの家でも蚕を飼っていた。稲作、果樹、養蚕の多忙な毎日を送っている村人にとって、待ちに待った瞽女の来村だった。隣村に瞽女が到着すると、たちまち近隣の村々に伝わった。

それほどまでに瞽女たちの到着を待ち焦がれていた。

三岡の村人は芸達者が多かったとキクエはいう。覚えたての『千曲川小唄』をうたうと村人たちは盛り上がった。その地方に伝わる民謡（正確には作詞作曲者のいる「新民謡」）をうたうと、そこにいた誰もがうたい踊り出した。信州人は陽気だ、とキクエはいう。

小諸の近くに山浦という村があった。大人数の場合には門付けでも、二挺三味線（三味線を二挺使って弾く）で演奏することもある。そのほうが音量が増して唄に艶が出る。二挺三味線で門付けをしていると、村人が寄ってきて、

「瞽女さ、わたしらもうたえるよ」

それが見事に美声で、唄もうまいのだ。本職の瞽女たちの立場がない。それもひとりやふたりではない。何人もキクエたちを取り囲むようにしてうたう。信州の人たちは芸達者が多いとキクエは思った。

山浦にも馴染みの瞽女宿があった。その家にはおばあさんと母親がいた。娘がひとりいたが働きに出ていて家にはふたりきり。小さなかわいらしい家だった。そこに一九人の瞽女が現れたのだから家の人は目を剝いた。

「あれまあ、大勢さんで、よく来なしてくれたど、一九人もどうやって泊めればいいの」

途方に暮れた顔をした。

「いや、わたしら泊まるんじゃないのよ」

「泊まらなくて、どうして来たの」

「あのね、お夕飯炊かしてもらえればいいんだよ。泊まる気ないよ。今、暑いでしょ。夜、道中して帰ろうと思ってさね」

「そうかい、いくらでも泊める気あるんだけど、一九人もの瞽女さ泊める部屋ないもの。そうかい、分かった。おまんた、なんでも好きに使ってもらっていいんだよ」

「はい、ありがとうございます。勝手に使わせてもらいます」

こういうと台所で食事の支度をはじめた。当時は瞽女の人数も多く、従って目の見える手引きの娘も多くいた。手引きが身の回りの世話や食事づくりをまかされていた。そのうち瞽女到着の話を聞きつけた村人が集まり出した。

「あら、去年来なした瞽女さ、今年も来なしたかね」

「はい、今年もごやっかいになっております」

こういっているそばから人が集まり出す。こうなると、唄をうたわないわけにはいかなくなる。家のなかに入ることのできない村人のなかには、縁台で将棋をはじめる者もいる。将棋を指しながら瞽女唄を聴こうというのだ。

キクエは荷物のなかから三味線を取り出す。居合わせた瞽女一九人全員が唄をうたうわけではない。若い手引きの瞽女たちは台所でおにぎりを握ったり、漬けものを準備したりと忙しい。奥の間で休む高齢の瞽女もいる。キクエにはうたう場所がない。仕方なく外でうたうことになった。

唄を終えると、村人がキクエを取り巻くように集まった。

「ハルちゃ、三味線たたんでやるよ」

「わたし、着物たたんでやる」

村の青年たちは仕事が速い。たちまちキクエが背負う荷物ができた。キクエは見ているだけだ。

「どうもいろいろお世話になりました。また来年おじゃまいたします」

その家の人に挨拶した。これで高田に帰ることができると思った瞬間、心の底かられしさがこみ上げてきたとキクエは話す。

さらに山浦の馴染みの家から小諸に向かって旅を開始した。小諸を通過したのは真夜中の一二時。千曲川沿いに北上する。手引きが提灯に灯りをともして道案内する。その日は天候に恵まれ、月明かりだけでも進むことができた。真夜中、それも女だけの道中といっても一九人もいれば怖いものなし。話をする者、唄をうたい出す者、踊りながら歩く者などそれぞれが陽気に振る舞う。瞽女たちの自由時間だ。誰にもじゃまされることはない。大屋という駅まで歩いて、そこから汽車で高田まで帰ろうという算段だ。

　大屋の手前に海野という村があった。そこに立派なお宮があった。お堂が広く、涼しい風が通る。休憩を取るのに格好の場所だった。一九人の瞽女は、それぞれ座る場所を決めると周りを丁寧に掃除した。終わると道中で集めた木の葉っぱや風呂敷などを敷き、その上に座った。お宮の横にきれいな川（依田川）が流れていた。その川で顔を洗ったり、髪を梳《す》いたりした。明日、高田に帰れると思うと、それだけで十分しあわせだった。

　お宮の裏手に乞食がいた。

「姉さん、おれんとこ、来てくんないかね」

　若い瞽女が笑いながら相手をしている。

「ええよ、嫁さになってやろうかね」

　一九人もいるから若い瞽女たちも気が大きくなっている。乞食をからかっているのだ。

　ひと休みを終えて瞽女たちは旅支度をし直す。大屋駅に行けばチッキ（旅客が託送する手荷物）で荷物を高田まで送ることができた。手続きを済ませると、近くにあるお茶屋から、手引きが朝食用のおかずを買ってきた。そこで朝食を済ませた。幼い瞽女たちは小遣いから氷水やお菓子を買い求めた。親方からもらう五〇銭や一円を貯め込んで、旅や縁日、祭りなどで使うのを楽しみにしていた。

大屋の駅で切符を買い求め、汽車を待つ。荷物を背負うことのない空身だから、うれしくて仕方がない。眠ることもできたが、もったいなくてみんなで騒いで旅の終わりを楽しんだ。

高田駅に降り立つと、知り合いがいた。

「あーら、おまんた、帰ってきたのかね」

「そう、今着いたばかりだよ。荷物はチッキで送ったから、空身だ。そうだ、おまん、頼むから、明日でも駅に荷物取ってきて、運んでくんないか」

「ああ、いいよ。お礼くれれば、いくらでも取ってきてやんど」

そういって、了承してくれた。こうして、ようやくのことで本誓寺町の杉本家の引き戸を開けることができた。

「おお、おお、帰ってきたか、帰ってきたか。ハル……」

キクエたちは、届けられた荷物のなかからマセに買ったお土産を手渡した。マセは号泣した。

家（瞽女屋敷）を守る相続人は、五二歳になると旅に出る必要はなかった。それでも分け前には以前と同様にありつけた。瞽女の規則で決められてはいた。ただし信州への旅だけは、旅の日数が大幅に増える厳しい旅だったことから、旅に出ない長老たちに分け前を与えることは禁じられていた。越後を周る旅のときだけ得られたのだ。五二歳の瞽女は老い先短く、生産性はないという合理的な考えからきているのだろうか。

あらんきょの実

キクエが高田の杉本家に入った年の夏、信州の野尻湖の近くまで旅をした。その旅は高田の多くの家が、上州組と信州組に分かれるという大規模な長旅になった。キクエたちは信州組として旅をした。

規則どおりキクエたちは信州の旅から一二日に高田に帰ってきた。翌日父親が馬を伴ってキクエを迎えに来た。馬の背に鞍をつけて、そこにキクエを乗せた。目の見えないキクエには、左右に大きく揺れる馬の背中は恐怖だらけだ。そこで父親は帯でキクエが落ちないようにしっかりと鞍に縛りつけた。まるで馬に乗せられた咎人《とがにん》のようだ。

馬が歩きだすとユサユサと動く。キクエも馬の歩調に合わせて動く。でも、帯で括りつけられているので落ちる心配はない。それを見ていたマセが、「親は娑婆の弥陀如来だ」といった。親というものは、子どものためならなんでもしてくれる。そのことをこう表現したのだ。高田から二里のところにキクエが生まれた東中島がある。途中、涼しい風が吹き、キクエは馬の背でウトウトとしてしまう。

キクエの家の庭には、あらんきょの木（桃の一種）があった。あらんきょはスモモより少し大ぶりで黄色の実をつけた。それが盆近くになると、甘酸っぱく熟してくる。

「おとっちゃ、あらんきょなったか」

馬の背中のキクエが聞く。

「おお、いくらでもなってんぞ。おっかちゃにもいでもらえ」

間もなく家に着いた。

「あらんきょ、いっぱい持ってきてくんない」

小走りに走りだすと、キクエは母親に向かってこう叫ぶ。

「おお、キクエか。よく帰ってきたない。よし、あらんきょ、いっぱいもいできてやんぞ。たくさん食うか」

「ああ、たくさん食うぞ」

キクエはもぎたてのあらんきょを旨そうに頬ばった。

諏訪村東中島では、一五、六日には盆踊りを楽しむ。この盆踊りは「中島の祭礼」と呼ばれるほど名の知れた盆踊りで、近在からも大勢の村人が踊りに来た。別名「いたこ踊り」といい、大太鼓を使う威勢のいい盆踊りである。青木家の隣にある寺のお堂の前には大きな桜の木があった。その木の周りを回った。
　踊り見に来て踊らんやつは
　家に帰ってしょんべんして寝るがよい
……

　六歳まで目が見えていたキクエは、その盆踊りの様子を鮮明に覚えている。

「昔の人は今の人のようにとってもいい着物を持っているわけじゃないけど、盆のときは特別でね、長い袖のきれいな着物でね、嫁さんみたいに帯をお太鼓に結んでさ、花笠被って踊るんだよ。わたしらは〝嫁さんだ、嫁さんだ〟って騒ぐんだよ」

　帰った翌日、

「嫁さん見に行きたいから、抱いてってくれ」

「おお、嫁さん見たいか、よしよし」

　こういって連れていってくれた。キクエには見えなくとも、賑やかな音を聞けばその様子が手に取るように分かった。

　盆には、朝一番で笹餅をついてくれた。笹餅は一日中いつでも食べることができた。それに、新鮮な野菜、カボチャなどを天麩羅にするなど、ご馳走づくりでてんてこ舞。キクエは、漂ってくるいい匂いに我慢ができない。

「おっかちゃ、お夕飯まだかね」

「もうじきだぞ、天麩羅揚げたし、煮物もできたし、もう少しだから待ってなさい」

お膳に盛りつけられないほどたくさん用意した。

「ねえ、なんでもいいからくんない」

「そんな行儀の悪いこと、駄目だ」

「高田のばあちゃ、お夕飯ならなくったって、ハル、腹へったのかってくんなるよ」

「そんな、高田のばあちゃの躾《しつけ》、そりゃ、ばかだな」

「高田のばあちゃの悪口いうな。おまんのほうがばかだ」

キクエはこういって母親を困らせたという。それを聞いて母親は、「あんなに高田帰るの嫌だっていって泣いていたハルが、これでようやく向こうの人になったな」と思ったという。


「汚れたおこしをつけていることほど、恥ずかしいことないよ」

一度、夏の旅に出ると、キクエたちは毎日肌につけるものを洗った。汗をかくからである。瞽女の生活には、常に清廉さを保つことが課せられていたような気がする。肌着は毎日洗濯する。道ばたに流れている小川でも、馴染みの瞽女宿でだけではなく、通りすがりの家の水道でも洗濯した。たらいを借り自前の石鹸で洗った。

信州への長旅ではとくに清潔さには気を使った。信州の水はきれいで、飲めるような気がしたとキクエは回想する。

「瞽女さ、ほんとうにきれい好きだね。おこし（腰巻）にしみがついてんの見たことないよ。目明きの人のなかにはおこしにしみをつけている人もいるよ。感心だね」

宿の人には決まってこういわれた。とくにおこしにしみをつけていることほど、恥ずかしいことはなかった。キクエたち瞽女は目が見えない。目の見える人に汚れたおこしを見られることほど恥ずかしいことはない。自分の身を清潔に保つことは、瞽女の芸にもつながることだとキクエは思っている。

一等車の客は気持ちまで偉ぶっている

明治四四（一九一一）年の夏、キクエは一四歳、信州での旅の話をしよう。それは赤倉カツ、マスエ、六ノ辻のオチノ、オサキ、そしてキクエの五人の旅だった。

信州の旅は、高田瞽女の喜捨の旅では一年でもっとも長い。キクエたちは明日、高田に帰ることができると思うとうれしくて眠ることができない。子どもだからどうしても騒がしくなる。

「こら、うるさい。いい加減にして寝ろ」

二階に寝ていたキクエたちは、下からその家の主人の声で静かにするのだが、また騒ぐのだ。

「ほら、おまんら寝ないから叱られたじゃないか。いい加減寝なさい」

赤倉カツに叱られた。

翌朝、まだ陽も上がらないうちに荷物を背負い、家を出た。一度上田に出て坂城まで歩いた。坂城駅から汽車に乗り、帰ろうというのだ。信越本線（直江津〜軽井沢間）は明治二一（一八八八）年に開通している。

坂城駅に着くと、駅員が駅の庭に直《じか》に寝ているのに驚かされた。暑いので涼をとるこの地方独特の知恵らしい。やがて一番列車が到着する時刻になった。高田までの切符を買い、乗り込んだ。

ところがどうした行き違いか、赤倉カツたちと違う車両に乗り込んでしまったのだ。当時の客車は一等から三等まで三段階の客車に分かれていた。当然、客席も等級に合わせて違ってくる。客層も違う。

「まあ、この汽車、どうしてこんなに気持ちがいいんだろうね」

客席も広いし、実に柔らかいのだ。今までこんないい椅子に座ったことがない。キクエたちはこの車両が一等車であることに気づいていない。というより、客車が三段階に分かれていることすら知らない。

乗車した日に雨が降ったので、桐油合羽や饅頭笠をつけたまま乗り込んだ。長旅だから笠にはカビが生えていたりする。普通の旅と違い荷物の量も多い。子どもだから荷物を網棚に載せることもできない。客席から荷物がはみ出し、濡れた合羽の滴が周りの人にかかった。突然、

「ほんとに嫌だよ、カビが生えているような笠持ち込んできたり、汚らしいったらありゃしない」

キクエたちを詰《なじ》るような声が聞こえてきた。

「こんな汚らしい格好して、どうしてわたしのそばに座るのさ」

それでもじっと我慢して乗っていた。また、ぐちぐちと小言をいいつづける客に我慢の気持ちが切れた。長野駅に着いた汽車は長時間停車した。

「おい、オチノさ、こんなところに乗っていないで降りよう。どっかほかの車両に行こう。こんな気持ちの悪い人がいる車両なんて誰がいてやるもんか」

キクエはこういって三人で下車した。ホームを歩いているところをカッたちに見つかっ

た。


「あら、おっかちゃ、ハルちゃら、汽車の外歩いてるよ」

「どっかよその車両に乗るつもりなんだろう。オチノがついているんだもの、大丈夫だ」

キクエたちはほかの車両に乗り移った。途端に乗客から声がかかった。乗客は越後に帰る魚屋、昆布売りなど、越後から信州へ商売に出かけた人ばかり。

「どこへ行ってきたのさ」

「信州さ」

「おお、そうかね、信州かね。そんな大きな荷物背負って……」

そういう人たちがキクエたちのそばに寄ってきては話しかけてくる。さらに、キクエたちの荷物を網棚に載せてくれたり空いた席に座らせてくれたりと、親切な乗客ばかりだ。あっちからもこっちからも駄賃をくれる人、お菓子をくれる人、頭を撫でてくれる人もいる。目の見えない、あどけない子どもの瞽女に哀れみをかけてくれる。キクエたちは心底うれしかった。

「ああ、あんな一等車なんて乗らんでよかったね。いいことした。ほんとうなら、ここは一等車で、三等の切符では乗れないからほかの車両に行きなさい、きっと座れる席あるよって、いってくれればいいのに」

高田に着き、汽車を降りたキクエはこう漏らした。

「きっとその人、一等車なんて初めて乗ったもんだから、気持ちまで偉ぶってしまったんだね。人間なんて単純なもんだね。乗った場所で人柄まで変わってしまうんだから……」

いろいろな人がいるとキクエは思った。あのときはまだ子どもだから、ひたすら憎くて仕方がなかったけど、今思うと懐かしい気がした。

信州の露はアクがない

涼しい信州の旅でも、ときには暑い日がつづくこともある。須坂の先にある二里峠を越して佐久方面に行く。とにかく暑い日だった。信州にはきれいな水が流れている小川が多い。飲み水に困ることはないのだが、飲みすぎるとなぜか身体の力が出ない。難儀しながらそれでも二里峠を越した。

今日泊まる家は、大日向《おおひなた》の村にあった。しかし、一九人のなかには年寄りも子どもの瞽女もいる。どうするか迷っていると、二里峠の頂上にある野間という村にキクエたち杉本家がやっかいになる定宿があった。懇意にしている瞽女宿は別々にある。普段、馴染みでない瞽女を泊める家は少ない。

どうするか考えあぐねているところにちょうど、その家のおかみが出てきた。

「まあ、瞽女さ、こんなにたくさん、これからどこへ行くんですか」

「大日向まで行こうと思っていたんだけど、みんな疲れちゃって……」

赤倉カツがこういった。

「おお、そうかね、そんなら、今日はわたしんとこ泊まっていきなさい」

一九人の瞽女は声を上げて喜んだ。

信州は養蚕が盛んな土地だ。大きな家には必ず蚕室があった。蚕を育てる部屋である。時期が早かったせいで、蚕室が空いていた。一九人の瞽女はそこに泊まることになった。

周辺の谷には蕗《ふき》がたくさん生えていた。目の見える手引きの瞽女は、総出で蕗とりをした。ご飯を炊く者、とってきた蕗を煮る者、いただいた漬けものを切る者など、分担して夕ご飯の支度をする。越後の蕗はアクが強くて、ひと晩水に浸してアクを抜くのだが、信州の蕗はアクがないので、皮を剝くとそのまま味噌汁の具として使うことができた。

翌日の早朝、野間の馴染みの家を出立。大日向に降りた。真田という村には仲間が嫁いだ家があった。瞽女といっても手引きは目が見える。なかには嫁にいく仲間もいた。長沢という手引きがその家に嫁にいっていた。その家は下宿屋で、旦那は大工。キクエたちがその家にいくと大喜び。信州の家は広くて、大人数の瞽女が泊まってもまだ余裕があった。

ちょうど田植えが終わった時期で農家は暇である。夜になると方々の家から声がかかる。

そこでいくつかの班に分かれて出かけていく。翌日も、その翌日も訪ねる家を替えて瞽女唄をうたう。いい商売になった。その頃は鉄道がなく、歩く旅を強いられた。でもそのおかげで実入りのいい商売にありつくことができた。真田からは塩田方面、上田方面、丸子方面と分かれた。

ただ手引きが逃げたり、嫁にいったり、年をとったりした家では信州への旅も一変する。杉本家の手引きキノエが東京へ出奔した年には、旅そのものが困難を極めた。キノエが消え、キヨコという手引きは弱視で病弱。仕方なくキクエたちは豊野から汽車で高田に帰った。残りの瞽女たちは再び二里峠を越え、元来た道を通って徒歩で帰った。

信州の山はすばらしかった。風が肌に心地よかった。緑が見えるような気がした。越後と違い信州はすばらしい。キクエには忘れられない旅となった。

十日町の沢蟹

キクエが一二歳の頃、信州佐久の十日町に旅したときの話である。

そのときの旅は天候に恵まれず、来る日も来る日も雨。やっかいになる瞽女宿の縁の下にも川が流れてくる。風通しをよくするという意味もあって、縁の下を高くする家もあった。キクエは、「家の表から入ってきて、裏へ逃げる」と表現した。それくらい大量の水が流れたということなのだ。キクエのいう「水押（洪水）」状態だったのだろう。

水と一緒に沢蟹も流れてきた。それを素手で捕まえるのである。若い瞽女たちはキャー、キャーいいながら捕まえる。目が見えなくとも水に手を入れれば簡単に沢蟹が捕れた。大人も子どもの瞽女もみんなで捕まえた。これは実に楽しい〝事件〟だ。バケツ一杯捕るのにそれほどの時間を要さない。

捕った沢蟹を火で炙《あぶ》る。殻ごと食べる。カリカリと夢中になって食べる。幼いキクエもかぶりつくようにして食べる。初めて食べる沢蟹の旨さに驚いた。沢蟹はいくらでも捕れる。あとからあとから追加の沢蟹が来る。沢蟹を腹いっぱい食べたのはこのときが最初で最後だった。

その翌年もその家を訪ねてみたのだが、昨年あった家がもはやなかった。川ばたに家があり、しょっちゅう水押に遭うという理由でどこかに引っ越してしまった。その家はキクエたち馴染みの瞽女宿ではなかったので、村の人に引っ越し先を聞くこともしなかった。馴染みの瞽女宿になる、ならないは、すべて〝縁〟だとキクエは思っている。村人の情けをいただけるのも縁なのだ。高田の瞽女は、村人との〝縁〟で結ばれている。


天候急変！　突然カミナリが……

旅を左右するのは天候である。夏の信州の旅の成否を握るのはやはり天候だ。晴天がつづけば順調に予定どおりの旅をこなすことができる。でも、ときには晴天が一変し、嵐に見舞われることもあった。目の見えない瞽女にとって、最もやっかいなのはカミナリだ。

信州佐久地方の畑という村から鷺ノ口へ行く途中でのことだった。急にあたりが暗くなったと思うと、ゴロゴロという音が聞こえてきた。畑と鷺ノ口の中間地点で引き返すこともできない。とにかく先を急いだ。

キクエたちは大きな荷物を背負い、シズコの手を引いて歩く。急がなくては、という気持ちが焦りになって思うように進まない。突然ザーッと雨が降り出したかと思うと、ゴロゴロ、ビシーッという空気を切り裂くような恐ろしい音と同時に、ドーンという落雷の音。ズズーンという地響き音。地べたに座り込んだ。運悪く、松林のなかである。カミナリは木に落ちることが多いと聞いていたキクエは、生きた心地がしない。とにかく道を急ぐしかない。突然、シズコが泣き出した。

「おっかちゃ、おれ、もう、歩かんねェ」

その場に座り込んでしまったのだ。手引きのキノエがシズコに、立て、立てというものの、シズコは根っこが生えているかのようにテコでも動こうとしない。キノエもキクエもその他の瞽女たちも、村々で稼いだ喜捨で身動きもできないほどだ。そのシズコまでも、背負いたいというシズコの気持ちを察して、少しばかりだが荷物を背負わせている。

「シズコ、だから無理して荷物背負うことなかったんだよ。さあ、ここまで来てみろ」

「だって、もう、歩かんねも」

　雨はザンザンとさらに音を増して降ってくる。ゴロッ、ビシーッ、ドドーン、ズズズーン……。突然、目の見えないはずのシズコがとんだ（走り出した）。そこにいたみんなも転がるようにしてとんだ。急げー、急げー。ゴロッ、ビシーッ、ドドーン、ズズズーン……。カミナリがキクエたちを追いかけてくる。走れー、走れー、ゴロッ、ビシーッ、ドドーン、ズズズーン……。

　どれほどとんだろうか、いつの間にか松林の外に出ていた。気がつくと陽の光が差し込んできた。鷺ノ口についた頃にはすっかり晴れ上がって、先ほどまでカミナリがうなり声を上げていたことなどウソのように静まりかえっている。

「まあ、憎い、このカミナリめが……」

　いっても仕方がないのだが、キクエは声に出していうしかない。

「まあ、瞽女さ、このひどい雨降りんなか、よう来たいなあ（よく来たね）。さあさあ、早く荷物降ろして家んなか、入んない」

　キクエたちは気を取り直して、村々を門付けして歩いた。どこの家に行っても、「よう来た、よう来た」と喜んでくれた。門付唄をうたうと、家のなかから馴染みの顔が飛び出してくる。こうなると、先ほどの恐ろしい出来事なんて、すっかり忘れてしまっている。

でも、信州のカミナリは越後よりすごいとキクエは思った。信州には高い山が多い。その分、空に近い。近いからカミナリの勢いもすごくなるのだとキクエは思った。

『へそ穴口説』と五〇銭

信州佐久郡の大日向村に降りる手前に、館《だて》という村があった。赤倉カツとキクエたちが出かけたときの話だ。そこは派手な土地柄で、芸者買いなども盛んな村だった。当然、三味線で唄を披露する瞽女は大モテである。こういう土地柄だから、『葛の葉姫 子別れの段』のような段もの（語りもの）より、比較的短い唄が持てはやされた。さらに、少々エッチな唄が求められた。

「瞽女さ、『へそ穴口説』っていう唄、あるそうだけど、それ、うたってくんない」

「ああ、いいよ」

「その唄、なんでもひょうきんな唄なんだそうだね。瞽女さ、それうたいながら笑っちゃ駄目だよ」

「あったり前だよ。こっちは商売でうたってんだから」

「ようし、もしも笑わんでうたったら、金やるべ。笑っちゃやんないよ」

「そうかい、賭けっこだね」

「そうだよ。いいね」

負けるはずがない。ばかにするんじゃないよ。笑わせるのはわたしらで、笑うのはおまんただよ。赤倉カツは玄人だ。素人のおまんたに負けるはずないよ。

あわれさえなるかなへそ穴くどき
故郷《くに》はどことよとたずねてみれば
故郷は内股ふんどし郡
だんべ村にてちんぽというて
おそれおおくももったいなくも
天の岩戸の穴よりはじめ
亭主大事にこもらせたまい
富士の人穴大仏殿の
柱穴にもいわれがござる
人の五体に数ある穴に

わけてもあわれやへそ穴くどき
帯やふんどしに締めつけられて
ねでも息でも出すことならぬ
じんぎごとにも出ることならぬ
夏の暑さにじつないことよ
ほんに体もとけるようでござる
日の目おがまず夜昼知らず
よその穴しょの楽しみ聞くに
春は花見に夏蛍見に
秋は月見に冬雪見とて
月はおりょうりつきせぬながめ
耳は大きく琴三味線の
鼻はこうかいだんじょの香り
口は三度の食事の他に
酒は肴や茶菓子というて
うまいものには鼻ふくらしゃる

おらが隣りのほうばい穴は
かわいがらるる愛嬌ありて
世間つき合い慰み事よ
月に一度のお役の他に
夜毎夜毎にそのにぎやかさ
きんべおととにきんしちというて
暮れの六つから明け六つまで
どたらばたらと裏門たたく
光る頭をぶらぶらと下げて
坊主頭にたて傷はわせ
禿げた頭にかづらを巻いて
おらは隣りに大法事が御座る
誰が法事だやらわしゃ知らねども
知らん坊さん達出たり入ったりなさる
お米とぐやら白水流す
おとき食うやら口ぐしゃやしゃと

おふせ包むやら紙ごしゃやしゃと
わしら屋敷まで白水流す
いかにわたしがりくぶじゃとても
よその騒ぎで気ばかりもめる
せめてぐるわに毛でも生えたならば
ごみやほこりや入れさせまいとヤレ
あるにかえなきへそやこれの穴サエ

赤倉カツがうたっているそばに来て、耳元で可笑しな話をする。カツは毅然とした態度でうたいつづける。ニコリともしない。とうとう最後までうたい切った。

「あーあ、賭けっこ、負けちゃったよ」

若い衆はこういって懐から財布を取り出すと、五〇銭を差し出した。その頃の五〇銭は大金である。キクエが二二、三の頃、祝儀をもらうといってもせいぜい五銭から一〇銭。五〇銭や一円は今でいうといくらになるのだろうか。

佐久・臼田村への途上、妻の悋気

キクエが二五、六の時だから大正時代の終わり頃の話である。

シズコが八歳、信州小谷村への初旅から一年目だった。手引きのキノエ、マスエ、タケコ、イシとの六人の旅だった。信州南佐久郡臼田村へ行く途中、今岡という村に差しかかった。キクエたちは国道沿いにある家で休んだ。その後、村を門付けしながら流していると、昼から酒を飲んでいる村人たちに遭遇する。声をかけられ、所望されるままに唄をうたった。

ところが予定した時間になっても帰してくれない。その日キクエたちは、臼田村の瞽女宿に宿泊することになっていた。当然、瞽女唄も披露する。帰してくれと懇願しても許してくれない。酒盛りで興が乗れば時間は無制限になる。これまでもよくあった。

「遅くなりゃ、おれの家に泊めてやるよ。心配しないで唄もっとうたってくれよ」

仕方なくうたった。うたえば少なからぬ喜捨を得ることもできた。とうとう夜になった。

旦那の後について泊まる家に向かった。不吉な予感がしていた。

「おい、帰ったぞ。ほら、瞽女さだ。ひと晩泊めてやれ。ひと晩ぐらいいいだろう」

嫌な空気が流れた。

「なにいってんのよ。瞽女さなんて宿できないよ」

えらい剣幕で怒鳴りつけるのだ。

「なにいってんだ。ひと晩ぐらい宿しても罰当たらんだろう。この家はなあ、昔毒消し売りが来れば三日も泊めてやるのが当たり前だった。困っている人がいれば、みんな泊めて食べさせてやったんだ。お前が嫁に来てからは、こういうこともなくなった。でもな、これがこの家のしきたりなんだ。分かったか」

キクエたちは足がすくんで身動きが取れない。その足も汚れたままなので、裏の川で足を洗う必要があった。その頃は草鞋だったので、足を洗うには下駄を借りなくてはならない。

「おい。下駄、出してやれ」

「忙しくて、そんなことしてる暇ないよ。おら野良さ行く」

こういうと嫁は外に出てしまった。夜に野良仕事はないはず。キクエたちに悋気《りんき》しているのだろう。

「さっさと行け、あんなのいなくなったほうが気分がいい」

旦那が上等の下駄を出してくれた。

「目明きの姉さんは、ご飯の支度してくれ。姉さん、ご飯がいいかい、それともうどんがいいかい」

「はい、うどんが好きだけも、そんなわがままいってらんないし……」

「いいよ、構わんよ。うどん、いくらでもあるよ。うどん出してくるから、瞽女さ、茹でなさい」

キノエがうどんを茹でる。

「味噌がいいかい。それとも醬油がいいかい」

信州人は味噌のなかにうどんを入れて煮込むことを知っていた。しかし、高田のうどんの味付けは醬油だ。だから醬油を所望した。

キノエが醬油で味つけしている最中に、嫁さんが帰ってきた。

「なんだよ、醬油なんか使って、味噌ならいくらでもあるのに。醬油、使わんでいいよ」

足を洗い終えたキクエたちは、板の間で髪を梳かした。当時はいい鬢付け油があり、いい匂いを漂わせた。そこに旦那が入ってきた。

「ああ、いい匂いだな。若い姉さの匂いいいなあ」

こういってキクエたちの髪の匂いを嗅ぐ真似をした。準備ができたことをキノエが告げに来たので、台所に行こうとした。キノエは先ほどまで置いてあった醬油がないことに気づいた。

「おお、台所で食べなくていいよ。今日は客人だから、奥の座敷で食べなさい」

こういうと、旦那は座敷に飯台を持ち込んだ。

「あいつ、醬油隠してしまったけど、こっちは醬油で下ごしらえ済ませてるんだもの、醬油なんていらないよな。こしらえてしまったからじゃ、文句もあんまい」

食事を終えたところに嫁が顔を見せた。

「おい、瞽女さにお茶、入れてやってくれ」

「お茶、知らないよ。入れたけりゃ、あんた入れてやればいいじゃない」

嫁はこういうと、無言のまま包丁で足の爪を切り出した。その様子を見た旦那は、とうとう堪忍袋の緒を切った。

「この野郎、黙っていればつけ上がって、今度ばかりは許さない」

嫁の包丁を取り上げると、嫁目がけて投げつけたのだ。それが嫁の頬を掠《かす》めて畳に落ちた。嫁の頬から血が流れ出した。でも、たいした傷ではない。

「痛いよ、痛いよ……」

「痛いのは当たり前だ。いくらなんでもわがままがすぎる。いい加減にしろ」

目の見えないキクエにも、修羅場が手に取るように分かった。キクエの腹のなかも、旦那と同じ気持ちだった。ひとこと、「なんにもないけど、ひと晩泊まってください」とでもいわれていたら、「喧嘩しないでください」といえた。しかし、無視した。

「大怪我させられちゃ、どうにもここにはいらんない。医者、行ってくる。野沢村の医者に行ってくる」

こう啖呵《たんか》を切って出ていったものの、三〇分もしないうちに戻ってきて、いった。

「金、くれよ」

どう見ても医者にかからなければならない傷とは思えない。金をくれない空気を読んだのか、嫁は出ていってしまった。そこになにごとかと近所の人たちが集まってきた。

「あれ、まあ、瞽女さじゃないの。いつ来たの」

そこに嫁が顔を出した。

「な、聞いておくれよ。この人に怪我させられてんのに、この瞽女ったら、大丈夫ですかともなんにもいわないんだよ。気持ちがこもってないんだよ」

「ばか、おれがひと晩芸者買いしたら、どれほど金がかかると思う。瞽女さなら、ひと晩ぐらい泊めたって、金かかるわけじゃないだろう」

キクエは驚いた。瞽女と芸者とを値段で比べている。少しばかりむっとした。

キノエもマスエもまだ若かった。ひとことも発しなかったのは、肝をつぶしたからにほかならない。キクエも初めての体験だった。目明きの嫁に悋気されることに、少しばかりいい気持ちになった。キノエに聞いたのだが、嫁さんと旦那は、自分たちの寝室でひとつ布団で寝ていたとのこと。どこかで安心した。

翌日、朝食をいただき宿をあとにした。

「旦那様、お世話になりました。奥様、どうもすみませんでした。お世話をかけました」

すると、

「はーい。なにもお世話できませんで……」

嫁さの明るい声が聞こえてきた。

「あんなもん、挨拶せんでいい」

キクエたちは、その家を辞して臼田に向かった。それにしても女の悋気ほど恐ろしいものはない。

高田が焼けた……

昭和二〇（一九四五）年八月一日、長岡にB29による焼夷弾爆撃があった。高田にも間もなく焼夷弾の雨が降るという噂が流れた。この噂を信じた杉本家では、五月中に東頸城郡の関田という村にある馴染みの瞽女宿、浦峯に布団を預けることにした。

早朝に高田を発った。キクエ、キヨコ、シズコの三人は布団を大きな風呂敷に包み、関田を目指した。

「あれ、瞽女さじゃないの。あんたら担いでんの布団かね。その布団どうしるの。売るんなら買うよ」

途中、よく行く村の住民から声をかけられた。品物のない時代。布団を食べものと交換する人が村を訪ねてくるからだ。

「違います。山間部の関田という馴染みの家に、この布団預かってもらおうと思ってさね」

「売るんなら、高く買ってもいいかと思ってさ。こっちでもいい布団ならほしいと思ったから」

まだ存命だった杉本家の当主マセが、客用として常に上等の布団を用意していた。焼かれたら大事だと思って、関田の浦峯家に預けることにしたのだ。数え四八歳になるキクエの両肩に、布団の重みがずっしりと響いた。ほかの瞽女も布団を担ぐということは初めてで、思うように前に進むことができなかった。

関田峠は越後と信州をつなぐ交通の要所とされていた。標高一一一六メートルの関田峠を越すと長野県飯山市（旧下水内郡常盤村）に入る。キクエたちが訪ねた浦峯家は関田峠にいたる上関田村（旧板倉町）にある。浦峯家は杉林に囲まれた旧家で、キクエたちがこのルートを通るときには、必ずこの浦峯家で一泊し、翌朝集落にある地蔵尊に旅の無事を祈ってから関田峠越えをしたという。

国見修二の『瞽女と七つの峠』には、「浦峯さんの主人が、牛で荷物を峠まで運んくれたそうだ」とある。関田峠越えは瞽女にはかなりきつい峠越えだった。浦峯家ではキクエたち高田の瞽女ばかりではなく、越中富山の薬売りなど、峠越えをする商人まで誰でも気軽に一夜の宿を提供したという。

関田の浦峯家に着いたときには、深山ということもあってか、あたりは暗くまるで夜のような気がした。預けた布団は戦後、浦峯の人がリアカーで高田まで運んでくれた。

浦峯家は、子どもが全部で一二人。一一人が男で女はひとり。「産めよ殖やせよ」という時代、男の子が一一人というのは国から表彰されたことだろう。キクエが最初に浦峯家を訪ねたときには、ちょうど二人目の男の子が生まれたときで、キクエはその子をよくあやした。そのことを知った次男坊は、キクエたちが浦峯家に着くと、

「よく来たない。昔、俺ばあやしてくれた人だって聞いてるよ。そうかい、面倒をかけたね。ご馳走するから、今夜はゆっくりしていきない」

こういって山菜料理を出してくれた。浦峯家の一二人は、ひとりも欠けることなく成人したという。立派なことだとキクエは思った。

長岡に焼夷弾が落とされたとき、キクエたちは関山に泊まっていた。次の日に高田に帰ろうとしていた矢先の空襲だ。関山駅では、乗車人数の制限をしていた。汽車もいつ来るか分からない。とりあえず切符を買い求めることが先決と、夜が明ける前からシズコとキヨコを切符買いに並ばせた。

そのうち、近所の人たちがキクエたちを見つけると、

「瞽女さ、どうか唄、聴かしてくんない。わたしら、明日の命どうなるか分からん。お金なんていくらも惜しくないもの。奮発するから、唄、聴かしてくんない」

こういわれれば断ることもできない。もちろん商売だ。それも金に糸目をつけない商売なのだから断る道理もない。キクエひとりで一日中うたった。いい商売にはなったが、切符を買うことはできなかった。長岡に焼夷弾爆撃があったのはその晩のことだ。

「おまんた、もう高田にはいかんないよ。高田に爆弾落ちたよ。焼夷弾だっていうよ」

関山から高田方面を見ると、確かに長岡の方向と重なる。長岡が燃えているのに、高田が燃えているように見えるのだ。

「高田が真っ赤に燃えてるよ。おまんた、もう高田にいくことないよ」

関山の人にこういわれてみれば、高田が焼けていると思わざるをえない。ああ、高田が焼けてしまった。本誓寺町のキクエの家も焼けてしまったに違いない。東中島の実家から

来て、キクエたちの留守を預かってくれている妹はどうなっただろう。生きているだろうか……。

キクエはがっくりと肩を落とした。文字どおり目の前が真っ暗になった。それでも、噂はしょせん噂だ。もしかして無事でいてくれるかもしれない。とにかく高田に帰ることだ。翌日、好運にも切符を買うことができた。満員の列車にどうにかキクエたち三人と、荷物を押し込んで関山駅を発った。

高田駅はあった。燃えていなかった。高田は無事だった。本誓寺町の杉本家まで急いだ。心配顔の妹が顔を出し、キクエに抱きついてきた。

「よかった。よかった。無事でよかった。心配したんだよ」

妹の元気な声に安堵の胸を撫で下ろした。燃えたのは長岡だった。

「そうかい、長岡かね。関山の人たちが、焼けているのは高田か直江津だというんだよ」

夜の火事は近くに見えるという。関山から見ると、長岡の空襲を高田といっても仕方がない。

炭を求めに新井在へ

当時、戦争で炭、米などの食料品はすべて配給だった。高田のような東京から遠く離れた田舎町でも配給が実施された。喜捨を願う瞽女にとっても生活必需品の欠乏は暮らしを直撃した。喜捨する米も村にはなかった。

キクエたちは近くの新井在とか、関山に出かけては現金で買い求めることが少なくなかった。瞽女として喜捨を当てにすることは困難な状態になっていた。都会から着物や貴重品を持って農家を訪れ、食料品と交換した。前述の布団を買い求める農家の人にとって、都会の匂いのする高級品を入手する絶好の機会だった。都会近郊の田舎には戦争の影は薄かったといえるかもしれない。ただし、出征兵として召集されること以外は……。

だからキクエたち瞽女も旅先でお世話になる馴染みの瞽女宿を訪ねて、米や炭を買い求めた。旅の様子が変わった。喜捨を求める旅から、品物を買い求める旅へと大きく転換した。

西頸城郡の新井在から二里ほど先にある西野谷へ行く旅は、当初から炭を求める旅だった。キクエ、キヨコ、シズコと三人がそれぞれ炭を一俵ずつ担いだ。途中に藁細工屋があったので、藁細工を注文した。炭の俵をそのまま担ぐわけにはいかない。肩に藁細工を挟み込んでクッションにした。

「ああ、瞽女さか、この三枚で終わりだ」

こういって肩を落とした。藁まで供出しなくてはならないのだ。移動は基本、汽車なのだが、汽車には必ず巡査が乗り込んでいた。彼らは配給以外の食料や燃料などを摘発しては取り上げる。そこで、キクエたちは歩いて高田まで戻った。

雪森という村で昼食をいただき、夕方になってから高田を目指すことにした。村には駐在所にも役場にも巡査がいて摘発に目を光らせていた。夕方発つことにしたのも摘発から逃れるためだった。出立してすぐに役場があった。役場には役人がいた。キヨコの風呂敷包みから炭が顔を出して、それがガサゴソ音を立てた。

「こら、こら、炭など運ぶんでないど。取り上げんど」

笑いながらこういうのだ。キクエたちは知らん顔を決め込んでその場を通り過ぎた。こうして夜通し歩いた。高田近くまで来て、とうとうシズコが音を上げた。

「おっかちゃ、おれ、もう歩かんね。おれ、この冬炭いらんから、捨てていこう」

弱音を吐くシズコを励ましてようやくのことで高田に着いた。配給が思うようにいかず、杉本家の近所でも炭のない家が数多くあった。豪雪地帯の高田で、炭もなく冬を過ごすことはありえなかった。キクエたちには村々に馴染みの家があり、そこを訪ねると米や炭を分けてもらうことができた。一般の市民にはこういうことができない。

キクエは買い求めた米や炭を二階に上げて保管した。それを少しずつ出しては食べ、暖をとった。高田にも巡査はいたが、瞽女の配給以外の生活物資に対して摘発などの行為はなかった。

キクエたちは他人の喜捨で生活ができている。他人の世話になっているという気持ちで、普段世話になっている近所の人に米や配給を分け与えることで恩返しをした。少しでも恩返しすることは当然と考えた。情けをかけられたら情けで返した。

情けをかければ、その情けは必ず自分の元に返ってきた。これが生きるための輪廻だとキクエは思っている。

第三章　秋の旅から冬の旅へ

秋の旅の日程

秋の旅は雨期と同じコースをたどり、そのとき立ち寄れなかった村を必ず訪ねた。また夏の佐久地方を訪ねた信州の旅とは違い、東頸城郡に近い飯山線沿いにある信州の村々を訪ねた。

・東頸城方面への旅（一〇月一日～二六日）
・信州方面への旅（一〇月二七日～一一月一七日）
高田～府殿《ふどの》～羽広山《はぶりやま》～温井～瀬木～蕨野～小境～中曽根～中条～笹川～藤ノ木～大川～富倉～長沢～平丸《ひらまる》～小沢《こざわ》～大濁《おおにごり》～小局～小濁～久々野～山寺～高田

上田村宮崎家の話

秋は収穫の季節である。稲刈りを終えた村々の地主の倉庫には、獲れたばかりの米俵が山と積まれた。瞽女にとっても一年を通して最高の稼ぎどきであった。しかし、猫の手も借りたい稲刈りの最中に訪ねると、いかに懇意にしている瞽女宿であっても歓待されることはなかった。杉本キクエは敏感に季節を読んだ。

収穫時期は村ごとに微妙に違う。長年の感覚が農繁期に訪れる瞽女宿を選別した。もっとも歓待され、稼げる瞽女宿には収穫後に訪れた。秋の旅に登場する上田村の宮崎家は、高田瞽女杉本キクエたちにとって掛け替えのない瞽女宿といえた。

当主の宮崎悌治は、情けの深い地主の大旦那だった。浜瞽女・山瞽女という瞽女の世界でも蔑視されていた盲女にも、キクエたちと分け隔てなくもてなした。キクエの言葉を借りれば、「瞽女宿の神様」ということになる。

わたしが上田村に宮崎家を訪ねたのは、昭和五三（一九七八）年一一月の秋が深まり出した頃だった。しかし、そこで目にしたものは二〇〇〇坪の大邸宅ではなく、朽ち果てた木の土台の周りを覆い隠すばかりのススキの茂みであった。抜けるような秋空に、赤蜻蛉《アキアカネ》が群れをなして飛び交うなかを、収穫を誇るように風に乗って流れてくるコンバインの音だけだった。この言葉にならない落差を、残されたお経堂の前で呆然と佇《たたず》みながら感じていた。

高田瞽女が旅した頸城三郡のなかには、大小何百という瞽女宿があった。その多くは地主であり、自作農であった。瞽女宿であった地主は、大正から昭和初期にその全盛期を迎え、二度にわたる農地改革で急激な終焉を迎える。その意味では高田瞽女の世界と見事に一致していた。それは、瞽女というものが、さまざまな喜捨という形を通してのみ生きることが可能な集団だったということに起因している。喜捨のままならない状況下では、彼女たちの生きていくことができる世界は残されていなかった。

瞽女と地主との関係は、こうした芸を与え、そのかわりに宿と食事を供されるという図式にのみ成り立つ。それは年に一度限りの短い邂逅にほかならない。細くて長い縦糸と横糸が、紛れもなく結び合うのが瞽女宿だった。遊芸人として異質の目で見られてきた瞽女に、地主の多くが一夜の宿を供しつづけてきたという歴史がそこにあった。なぜ卑賤の徒として見られても仕方がない瞽女に、戦前の農村社会にあって地主たちの多くがあたたかい手を差し伸べたのだろうか。

しかし、その真意は遂に明らかにされることはなかった。ただ、戦後にＧＨＱ（連合国最高司令官総司令部）の命令のもとに実施された農地解放政策が、地主の崩壊を招いたということ。そのことで瞽女たちが生きていくことができる場所が削ぎ落とされたという事実だけが残された。実質的に高田の瞽女の世界が消え、あれほどまでに栄華を誇った上田村の大地主宮崎家が屋敷とともに崩れ去った今、村に残された静けさはいったいなにを物語っているのだろうか。

宮崎家は情けの大地主

杉本家の瞽女たちも宮崎家に立ち寄ると歓待された。多くの上女中、下女中もいるような大地主だった。訪ねていくたびに、「よく来てくれました」と上女中が奥へ通してくれた。間もなく番頭が来て、聞く。

「おまんた、どこの瞽女さかね」

「池辺《いけべ》、真砂《まなご》の瞽女です」

こう答える。高田の杉本ですというより、このほうが通りがよかった。池辺や真砂というのは宮崎家と同じ中頸城郡にある村名で、高田に近かった。杉本家の先々代の親方の出た村の名前で、代々この村名で通していたからだ。

宮崎家の大きさは敷地二〇〇〇坪もあったが、目の見えないキクエたちには広さの感覚は数字では判断できない。キクエの言葉を借りると、

「大広間なんてさ、五〇畳くらいあるんだよ。小さい部屋なんていったいどのくらいあったんだろうね。ひと部屋ずつ囲炉裏が切ってあるんだよ。食事もそれぞれの部屋へ女中さんがお膳を運んでくれんだよ」

こういう表現で、宮崎家の広さが十分に伝わってくる。

食事をしている間に、宮崎家の大奥様が挨拶に見える。

「おまんた、よく来たない。達者かね」

「はい、こうして元気にやらせていただいております。今晩、お世話になります」

「ゆっくり休んでいきなんね」

こうした挨拶が交わされたという。

夜になると大広間は近郷近在の大勢の村人で埋め尽くされた。キクエたちの瞽女唄を聴くためである。

ある晩、キクエたちは山々を拠点として喜捨の旅をつづける「山瞽女」と呼ばれる人たちと一緒になった。山瞽女や浜瞽女は組織としての規模も小さく、人数も少ない。高田の瞽女からは低く見られていたと思われる。その晩は山瞽女の唄ではじまった。彼女たちもキクエたちと同様、「語りもの（段もの）」や『松前』などをうたった。

キクエたちは次の出番を控えて、お召し替えして次の間で待機していた。しかし、一向にお呼びがかからない。大広間のほうからは、「ええぞ、もう一曲なんかやってくんない」の声。キクエたちはひたすら待つ。

「おかん、どうしんだろうね、ちっともお呼びがかからん。こうやって着物着て待っているのにね……」

時間だけがどんどん過ぎていく。

「まあ、そのうち出番になんだろ」

赤倉カツは毅然とした態度でキクエたちを諭した。

ところがその晩、とうとう出番がなかった。人一倍気位の高い赤倉カツのことである。腹の虫が収まらない状態だったとキクエは推測した。その晩カツは無言のまま床に入った。

翌日、朝食をいただき、朝立ちの用意をしていたところに大旦那が現れた。

「おまんた、昨日はゆっくり眠れたかね。昨晩は座敷を遠慮してもらってすまなかったね。さあ、これからじっくりと唄聴かせてもらおうかね。やっぱり赤倉おかさんの唄聴かんと心が落ち着かんわ」

キクエたちはキツネに騙されたような顔で大旦那の声を聞いた。

昨晩、座敷をつとめた山瞽女が朝立ちしたのを見届けてから、奥座敷に通された。赤倉カツは凛とした態度で得意の『松前』を披露した。それは昨晩、山瞽女らがうたった同じ演目だった。おそらく山瞽女に対し、燃えさかる炎のように激しく撥を三味線に打ちつけることで対抗したのだ。キクエはカツの恐ろしいまでの本性を見た気がした。うたい終えるとカツはなにごともなかったかのように静かに三味線を置いた。

「さすが赤倉おかさんだね。いつ聴いてもいいなあ。すばらしい。ああ、これで清々した」

清々したといったのは、昨晩の山瞽女たちの『松前』と聴き比べての素直な感想なのだ。山瞽女のうたう瞽女唄と、高田の瞽女唄とでは格が違いすぎる。大旦那にとっては聴き直すことで自分の耳を満足させ、併せて赤倉カツの矜持を保つことができた。

「でも、大旦那、昨晩はわたしら隣の部屋で控えていたのに、どうして呼んでくれなかったんですか」

カツは昨晩の胸の内を問う。

「あははは、ばかだなおまんた。あれはお世辞っていうもんさね。いいか、おまんたは高田に帰ればちゃんと家ってもんがあんだろ。唄だって、ちゃんと稽古つけてもらっているから、赤倉おかさんのようにうまくうたえるんだよ。ところが山瞽女さは、みんなひとりぽっちのはなれ瞽女さだろう。かわいそうな身の上じゃないか。それでもあのようにわざわざ訪ねてきなるんだよ。あの連中だって、一生懸命うたっているし、生きているんだ。おそらくよその人なら満足に唄を聴いてくれんだろう。だからわたしが昨晩は貸切にして聴いてあげたんだよ。あんなところに赤倉おかさん出てきて唄うたってごらん、山瞽女さの立場っていうものがなくなるよ」

それを聞いたキクエたちは涙を流した。大旦那という人は、どこまで優しい人なんだろうと、心の底から思った。赤倉カツは、深々と頭を下げた。

大旦那の瞽女に対する深い思い

　高田の瞽女杉本家の手引きのキノエが時間を間違えて、午後七時頃、宮崎家に到着してしまった。村を訪れる時期も時間もだいたい決められていた。招き入れる瞽女宿もそのほうが接待する都合がよかった。とくに世間に名の知れた大地主にとって「世話を施す」「情けをかける」という地主としての誇り、矜持につながった。

　そのときの杉本家の秋の旅は秋雨に見舞われ、泊まる家に不幸があったりと、思うように歩を進めることができなかった。さらに、キノエが道を間違えたり、時間を読み違えたりして予想以上の時間を費やしてしまった。だから、気心の知れた大地主宮崎家といっても、気が引けた。

　それでも勇気を出しておそるおそる裏口から声をかけた。

　出てきた女中さんが明らかに困惑した顔になった。

「瞽女さ今頃来たって困るよね。急に来なしたりして、ありあわせのもんしかないよ。風呂の湯も落としちゃったし……」

　居合わせた女中たちとひそひそ話をはじめた。それでもキクエたちを座敷に上げ、女中たちの残りものというような粗末な食事を与えた。でも、悪いのはキクエたちである。ありがたくいただいた。

　夕飯も終わって、部屋のほうへ帰ろうとすると大旦那が出てきた。

「おまんた、疲れているだろうから、風呂にでも入ってゆっくり休むといいよ。風呂は入ったのかね」

「いえ、まだです」

　つい、ほんとうのことをいってしまった。ところがそのひとことで大変なことになってしまった。

　奥に入った大旦那のものすごい声が聞こえてきたのは間もなくだった。

「なに、お湯を落とした。おまんた、いったい瞽女さをなんだと思ってんだ」

「着くのが遅かったもんですから……」

「着くのが遅いとはなんだ！」

「それに……」

「なんだ」

「今から風呂入られると、唄聴けなくなると思って……」

「ばかもん！　瞽女さを風呂に入れないなんて、わたしは承知できない。瞽女さはこの家にとっては大切なお方なんだ。おまんたはこのわたしの気持ちが分からんかったのか。ばかもん！」

女中たちにしてみれば、キクエたちの唄を早く聴きたかった。宮崎家の風呂っていうのは大きな湯船で、一度落としてしまえば湯を張るのに時間がかかった。キクエたちに女中を責める気はない。こんなことになったのもキクエたちが遅くなったせいだ。

勝手のほうから女中たちの泣き声が聞こえる。キクエたちも気が気ではない。そのうち番頭さんも間に入って大旦那を説得しはじめた。

「悪気があってやったんじゃないから、大旦那様、どうか許してやってください」

「なに、お前まで女中の肩を持つのか」

もはや誰にも止められない。もう見境なく怒鳴り散らした。番頭も手がつけられないと思ったのか、その場から逃げるように帰っていった。キクエたちは寝るどころの騒ぎではない。しばらくすると、奥の部屋から奥様と番頭さん、それに大旦那の声が聞こえてきた。どうやら奥様が近くに住んでいる身内を呼んできたようで、ひそひそ話が漏れ聞こえてきた。そのうち話し声も遠のき、身内の人の帰る足音が徐々に遠のいていった。

突然、大旦那がキクエたちの寝間に現れ、

「おまんた、今日はほんとうにすまなかった。女中らの不注意で風呂を落としてしまって……。今新しくしたから入ってくんない。女中らには今後こんなことがないようによく注意しておいたから、今日のところは勘弁してくんないよ」

大旦那は畳に手をついて謝った。キクエたちもどうしていいか分からない。どう考えてもキクエたちのほうが悪い。大旦那が謝る必要なんてないと思う。キクエたちをこんなにまで思ってくださるのかと思うと、ただもうありがたくて涙が止まらなかった。

戦後になって宮崎家を訪ねたが……

昭和二八（一九五三）年秋のことである。キクエたちは上田村への道を急いだ。戦争はすべてのものを破壊し尽くした。多くの男たちが戦場に駆り出され、村へ戻ってきた者は少なかった。キクエたちが訪れる村でも、記憶にある何人かが戦死した。高田瞽女の世界も事実上、崩壊していた。妙音講も、「名替え」の儀式も、年二回の総会も開かれることはなかった。最長老を「座元」とするという規則で、いつの間にかキクエが座元に祀り上げられていた。

旅に出て唄をうたい喜捨を得る高田瞽女は、杉本家のキクエ、シズコ、コトミ、そして丸山家のチヨの四人になっていた。高田にいた瞽女たちが急激にその姿を消しはじめた。キクエもなにかが急激に変化していくことに気づいてはいた。

キクエは杉本家を解散してシズコやコトミに暇を出すこともできたのだが、東中島にあるキクエの実家には年老いた父母が健在だった。キクエにとってもっとも心配なのは、シズコとコトミのことである。ふたりにはもはや帰る家はない。キクエが実家に帰り、弟子たちにこの家を譲ることはできなくもない。

しかし、翌日からふたりは途方に暮れるだろう。この混乱した世の中を生きていく術を身につけてはいない。瞽女として生きていくには、ふたりの三味線や瞽女唄の技量では無理だろう。キクエの選択肢はひとつしか残されていない。これまでどおり高田瞽女として堂々と生きていくことだ。瞽女にとって生きていくということは、旅に出るということだ。商売することで命をつなぐ、当たり前のことをやるだけだ。

キクエたちの生活が変わったといえば、キクエ自身の意思で旅の日程や場所を選択したこと、また決められた日に帰らなければ罰せられるという規則を除外したこと、桐油合羽がゴム製のカッパに、草鞋が地下足袋に変わったくらいだろうか。

馴染みの村に行けば以前と同様、村人があたたかくキクエらを迎え入れてくれた。瞽女宿で供される食事の内容は確かに粗末になってはいたが、三人が食べる分の米は十分に供与された。おそらく高田瞽女の数が急激に減少したためともいえる。

上田村へは久しぶりだ。宮崎家の大旦那はじめ大奥様、大番頭、女中たちはみな健在だろうか。一一月末に上田村を選んだのも偶然といえた。

田んぼの畦道も風の匂いも以前と変わりがなかった。丸山家のチョを入れた四人は、コトミを先頭に一列縦隊で歩を進めた。普段なら米俵を満載した大八車が何台もキクエたちの脇をとおり過ぎていくはずであった。

「おお、おまんた、よく来たない。久しぶりだね。どう、達者でいなしたかね」

首にかけた手拭いで滴り落ちる汗を拭いながら、小作人が声をかけてくれた。

「はい、わたしらも達者でやらさせていただいております。年貢を納めに宮崎さんちに行きなさるのかね」

「今年も豊作で、とはいかないけど、人手が少ないわりには思った以上にいいできでね。こうして納めに行くところさね」

「そうかね、大旦那様も大喜びでしょう」

こんな会話も交わされるはずであった。村全体が活気づき、田植えと並んで一番忙しい季節のはずであった。キクエは生き生きとした村の様子が大好きだった。もちろん商売としての期待も大きかった。

鴨井の村から上田村は目前である。村の入り口を右手にとり、杉林に囲まれた称名寺を左手に見ながらしばらく歩くと、宮崎家が現れる。

キクエは杉林の風音を聞きながらどことなく落ち着かない、不思議な感覚に戸惑っていた。大八車の軋む音、村人の話し声も、ない。まるで上田村に村人がいないように思えた。村が生きていると感じられる息吹すらないのだ。キクエはかすかな不安を抱く。

宮崎家は上田村の北のはずれに位置する。間もなく疎水の音が聞こえ、水車の軋む音が聞こえてきて心を和ませる。しかし、ここまで来て誰とも顔を合わせないというのはやはり変だ。

「おっかちゃ、この村、誰もいないのかね」

シズコがいう。

「おまんもそう思うかい。普通なら大八車が数台わたしらの脇を通ってもいいはずなのに、一台も通らん。ましてや村の誰とも逢わんというのは変だね。第一、静かすぎる……」

キクエはコトミにあたりの様子を見てくるように促した。キクエとシズコとチヨを置いてコトミは出かけたが、すぐに戻ってきた。

「いや、昔のまんまみたいな……。でも人の姿はどこにも見えん……」

静寂そのものだった。四人は歩くことをやめて真剣に聞き耳を立てた。なにも聞こえてこない……。

キクエたちは再び歩きはじめた。ちょうど三叉路にかかり、目の前に宮崎家がその姿を現したときである。横合いからひとりの女が飛び出してきた。キクエたちは立ち止まる。なぜか女はすぐには声をかけない。立ち止まったままだ。先頭を行くコトミが、困惑した顔ですぐうしろにつづくキクエの顔を見ている。

「あんた、誰だね」

キクエが女に聞いた。普段なら、

「やあ親方、久しぶりだね。達者でいなしたかね」

こういって一行を歓待するはずだ。この女は言葉を発しない。キクエを知らない村人はいない。嫌な雰囲気が漂う。

「あんた、誰だね」

再び聞き返す。すると女はようやく口を開いた。

「おまんた、宮崎さんとこ行くのかね」

どこか嫌味を含んだ声だ。

「はい、そうです。今夜、ひと晩ごやっかいになろうと思って……」

「そうかね、そんなら旦那にはまってご馳走してもらいなん」

はまって、というのは「たくさん」というこのあたりの方言だ。

はまって、という言葉にトゲを感じた。女は立ち去ろうとしない。

「おい、コトミ、行くで！」

キクエたちは歩き出した。外堀に架けられた橋を渡り、正門をくぐると目の前に宮崎家の本玄関が見えるはずだ。

「コトミ、なんか変わったことあるか」

「いや、なんも変わりゃせん。昔とちっとも変わらん」

「そうかい」

コトミの返事にキクエは胸を撫で下ろした。昔となにも変わりゃせんじゃないか。なにが変わった……、突然あの女の「はまって」という言葉が蘇った。なにかが変だ……。

キクエたちは石畳を歩き、中玄関の前をとおり、屋敷の横手にある下の入り口からなかに入った。

「ごめんください」

コトミが口を開いた。しかしなんの応答もない。

「ごめんください。高田の杉本キクエです」

返事がない。

「どうしたんかね、おっかちゃ、誰もいんのかね」

「そんなことあるもんか。奥にでもいるんだろう」

「だって、返事ないよ。家んなか音しないよ」

シズコの返事をキクエは無視した。なにかあったのだ。そのなにかが分からない。深い沈黙が流れる。

なにかある。確かにこの村でなにかが起きたのだ。

しばらくして家の奥から誰かが歩いてくる足音が聞こえた。キクエは恐怖のあまり身構えた。

「あれ、瞽女さんかね、いつ来なしたね」

出てきたのは、農協の専務になった大番頭の跡を継いだ分家の宮崎正一だった。

「今、来たばかりでさ、みなさん達者でいなさりますか」

「そうかい、みんな達者でいるよ」

キクエは少し安心した。しかし、いつもなら、よう来た、よう来た。さあさあ上がれ上がれ、という大旦那の声がない。それより、いったい今頃なにしに来たのかね、という雰囲気なのだ。

「はい、今日は今保から鴨井をとおり、ここまで来ました。今晩ごやっかいになろうと思って……」

キクエはこれまで馴染みの瞽女宿で、このような会話を交わしたことはない。

　正一は口ごもり、言葉を飲み込んだ。キクエも次の言葉に窮した。しばらくの間重苦しい沈黙があった。最初に口を開いたのは正一のほうだった。

「実はな、瞽女さ……、これまではおまんたどれだけ来てもらっても、世話してあげることができたんだけも、これからはおまんたの世話できんようになった……、もう、おまんたの世話、できないすけ……。今日は帰ってくんない」

「なんもできないって、大旦那になにかあったんですか……」

「いや、なんかあったっていって……、その、とりたてなにかがあったというわけでもないけも……、とにかく、時代が変わってしまったんだよ。どうか悪く思わんでくれ……」

「世の中、変わったって、なにが変わったんですか……」

「それは聞かんでくれ……」

　正一はこういって深々と頭を下げた。キクエには正一のいっている意味が理解できない。家屋敷だってこうしてなにも変わらないまま残されている。どこも変わったところは見当たらない。

「もしかして、ご病気かなんか……」

「いや、大旦那も家の人も達者でいなさる」

「そうですか……」

「とにかく、これからは、もうおまんたの世話せきんようになってしまったんだよ。悪く思わんでくれよ。世の中がこうしてしまったんだ。すまんが帰ってくれんかね」

キクエたちはこれ以上どうすることもできなかった。引き下がることしかできなかった。やはり宮崎家になにかが起きたのだ。そのなにかとは、キクエたちの知らない世界で起きたことなのだろう。

コトミを先頭に宮崎家の正門をくぐり、お経堂に手を合わせ、再び橋を渡った。もう二度と来ることはないだろう。

「はまって」という言葉が頭をよぎった。もしかしてあの女は、宮崎家でキクエたちの世話をすることができないなにかを知っていたに違いない。

断られたのは宮崎家だけではなかった。これ以降、吉増村の「オオニシ」でも、能生谷村の「サゴバイ」でも断られた。とくに「オオニシ」では、

「われわれの食べるものもなくなってしまった。だから、もうおまんたの世話できん。悪く思わんでくれ」

「駄目だ、これからは駄目だ……」

オオニシの旦那と息子に強い調子で断られた。なんでも農地改革というものがあって、

地主の土地のほとんどを小作人にタダ同然の値段で引き渡すことになった、これは国の方針なので文句をいうことができない、とオオニシに聞かされた。

「数年前まで、あんなにゆったりと暮らしていた人たちが、突然、飯米にも困るなんて信じられない」

キクエは夢を見ている気がした。東中島でも、百々《どうどう》でも錦でもキクエたちを断る家はなかった。小さな自作農がよくて、大きな宮崎家のような地主ができないという意味がキクエには理解できなかった。

しかし、「もう、おまんたの世話、できんようになった」という正一の言葉を聞いたばかりだ。

宮崎家から追い出されたキクエたちは、同行した丸山家のチヨの瞽女宿に泊まった。風呂もなく、満足な食事もない。キクエたちはいつもより早く布団に入った。しかし眠ろうとしても目が冴えて眠れない。

「おっかちゃ、起きてるかね」

隣の布団に寝ているシズコが声をかけてきた。

「シズコ、明日早いんだから、寝なさい」

「いや、ちっとも眠くない。宮崎さんのこと考えると……」

そう、これまでキクエたちが世話になったなん百という瞽女宿のなかで、宮崎家ほど自分たちに優しくしてくれた家はない。だからこそ、わけの分からない「世の様変わり」に流されてしまった大旦那が不憫でならなかった。

「そういえば、ほら、上船倉の山口さんでも土地盗られたと婆ちゃんいっていなしたね」

「そんなことあったね……」

それにしても宮崎家の大旦那という人は瞽女だけではなく、困っている小作人に対しても米や茶碗、それに布団までなんでもつくってくれた。あんな心優しい旦那はいない。それにしても「はまって」の女が憎い。あれは間違いなく上田村の小作人に違いない。よくまあ、あれほど世話になった旦那の恩を仇で返すとは……。そのとき、村がなぜひっそりとしていたのか、なぜ大八車が通らなかったのか、なぜ広い前庭で年貢米を納める賑やかさがなかったのか、キクエは初めて分かったような気がしていた。

農地改革で耕作地の大半を失ってしまい、あれほど大旦那に世話になった女中たちまで誰ひとりとして、落ちぶれた宮崎家には寄りつかなくなったと聞いた。

「戦争っていうのは哀しいね。戦争に行った人、内地に残った人、宮崎さんだったって、小作人や女中さん、番頭さんだって戦争の犠牲者だよ。戦争っていうのは人の心もなんもすっかり変えてしまうもんなんだね……。戦争って、……憎いね」

キクエはこういって当時のことを振り返った。

冬の旅の日程

高田の冬は、雪の下で生活するといっても過言ではない。市中に網の目のように雁木が張り巡らされているのも、豪雪との共生を強いられた人たちの知恵でもあった。冬の旅は必然的に高田周辺の村々を巡る道行きとなった。

・中頸城方面への旅（一一月二二日〜一二月二七日）
高田〜大日〜三田〜横曽根〜中島〜百々〜錦〜今保〜上田村〜十二ノ木〜馬屋《まや》〜池〜新町〜四ッ谷〜曽根田〜吉増〜吉木〜島田〜灰塚〜雪森〜五日市〜長森〜西野谷〜菅沼〜岡沢〜志村〜美守《ひだのもり》〜中宿〜濁川〜橋本〜大鹿〜四ッ谷〜関山〜稲荷山〜片貝〜二本木〜三ッ屋〜藤沢〜板橋〜高田

・正月（一月一日〜三一日）
正月から一か月間は基本、外に出ることはない。瞽女の守護神である弁財天の掛け軸をかけて瞽女と同じ食物を供するほかに、六日（年越し）、七日（七草）、一一日（鏡開き）、二五日（弁天講）、二九日（総会）とそれなりにやることが多い。この時期は、高田の近在か市内を流して歩く程度で、家にいるときは瞽女唄や三味線の稽古をした。

・矢代村方面への旅（二月三日〜一二日）

高田からまっすぐ矢代村へ向かい、西野谷や岡沢には二週間以上も泊まりつづけた。

・やぶ入り（二月一三日〜一八日）

それぞれの実家に帰って骨休めをする。

カトウの『松前』

キクエが杉本家に来る少し前に、芸名をカトウという目明きが入った。手引きなのだが美声の持ち主であった。目鼻立ちの整ったいい女で、瞽女宿での評判も上々だった。とくに男衆からは絶大な人気があった。目明きの健常者で美人なら引く手あまた、といいたいのだが、この時代、女性の職業は限られており家庭の事情などもあって瞽女の世界に身を投ずる者もいた。

カトウは杉本家のある本誓寺町のすぐ近く、稲田の三田という村の出身で、正月は高田の町なかや、稲田方面のごく近場を流すのが恒例となっていた。

とにかくカトウはモテた。キクエがいうのには、「あんなにモテた手引きは知らん」というほどに人気があった。高田の町流しや近在へは、おもにキクエの親方赤倉カツとふたりで出かけた。ふたりとも顔、声、唄、三味線、どれをとっても高田瞽女の誰よりも秀でていた。人気があるということは、喜捨で受け取る米やお金が多いということでもある。いってしまえば杉本家の稼ぎ頭、エースでもある。

ある年の冬に差しかかった一一月、新井の山寄りの在に大濁という村があり、そこで急に腹痛を起こした。

「カトウさ、ゆっくり休んでいいよ。疲れがでたんでしょ」

気心の知れた定宿だったので、そこの奥様にすすめられるまま、床についた。

夜の宴会は赤倉カツがひとりでつとめた。夜は、まず「宿払い」程度に民謡など軽いものを披露した。「序」にも述べたが「宿払い」というのは、「一宿一飯の宿賃を支払う」という意味である。瞽女宿を提供してくれる地主や自作農、小作の人たちへのお礼という意味なのだろう。

「宿払い」が終わると、座敷にいる村人の希望に応える。『葛の葉姫 子別れの段』という「段もの（語りもの）」を要望されることが多い。赤倉カツとカトウの場合は、最後に『松前』で締めるというのが恒例になっていた。『松前』は〝カトウ〟というのが決まり事のようになっていた。しかし、カトウは床のなかである。カツが三味線を取り出してうたおうとしたところに、突然カトウが顔を出したのだ。

「わたしにも、ひとつうたわしてくんない」

こういって座敷に出てきたのだ。浴衣から座敷用の着物に着替えたカトウが、カツの三味線を取り上げると、正面を見据え毅然とした様子でうたいだしたのである。

〽春風にほこり立つほどわしゃ思えども
そばにて水まきゃぜひがない　スイスイ

奥山の紅葉ふみふみなく鹿さえも
末に文書く筆となる　スイスイ

背筋をピシリと伸ばし、声を絞り上げるようにしてうたう。

その場に居合わせた村人たちは息を呑んだ。赤倉カツに、体調のすぐれないカトウが奥座敷で休んでいることを聞いていたからだ。『松前』というのは声を張り上げてうたう難曲のひとつだった。声だけではない。カトウの『松前』には独特の〝色気〟があった。とくに唄の最後につく〝スイスイ〟には誰も真似のできない〝揺れ〟で結んだ。そのえもいわれぬ〝よろめき〟が聴く者の気持ちをわしづかみにした。

村の青年団のひとりが、

「具合悪いって聞いていたけも、どこが悪いんかいな」

座敷にいた誰もが惜しみない拍手をして、次々とリクエストを所望するものの、うたい終えたカトウは三味線をカツに返し、両の手を添え、深く頭を下げると座敷をあとにして再び床についた。

翌日、ひと足先に高田の杉本家に戻ったカトウは、赤倉カツの帰りを待ち切れずに死んだ。

キクエがいうには、カトウの病気は男が好きで、それが原因で死んだのではとのことだった。つまり「男の種」がカトウに入り、その子どもを堕ろすために薬を飲み、飲んだ薬が身体に合わずに死にいたらしめたのではというのだ。赤倉カツから聞いたともいった。

カトウの卓越した唄の技量はどの村に行っても評判を呼んだ。カトウは都々逸《どどいつ》をうたいながら村道を歩いた。カトウのうた声を聞きつけた村人たちは、一斉に家から出てきた。

「ああ、いい声の瞽女さだと思ったら、カトウさでないかい。今晩聴きに行くで」という声がかけられた。

カトウの生まれた村の近くにある稲田では、正月を楽しんでいる若い衆がカトウを料理屋に引っ張り込み、それこそドンチャン騒ぎをしたという。

わずか一九歳でカトウは死んだ。杉本の親方マセは、三年もの間、「カトウ、カトウ……」といって泣いて暮らしたとキクエはいう。

雪降り瞽女

昭和一二、三年の一二月一二日だったとキクエは記憶する。西頸城郡矢代村西野谷へ旅したときの話だ。橋を渡ると西野谷への入り口となる。

西野谷の村人はキクエたちを見ると、

「ああ、ハルちゃ来た。雪もって来るんだ。雪降り瞽女だ」

こういってはやし立てた。このあたりは深く切れ込んだ谷があり、木々に囲まれた寒村といえた。越後は雪が深い。とりわけキクエが暮らす高田は有数の豪雪地である。高田の人は雁木というトンネルに守られて暮らしている。雪との生活には慣れているとはいえ、西頸城郡の村々には舗装された道路があるわけでもない。村をはずれた杣道《そまみち》（細く険しい山道）では轍《わだち》の跡も見られない。際限なく大粒の牡丹雪が降り積もる。

当時の旅は季節には無関係に草鞋を履く。何着もの着替えや座敷用晴れ着、喜捨用の袋（米で膨れ上がるときも）、何足もの草鞋と足袋。三味線を小脇に抱え、饅頭笠を被り、桐油合羽で全身を守る。一五キログラムは下らない荷物を背負って雪道を歩くのだ。

草鞋には、雪のタンコブ（キクエ談）がくっつきぶらぶらと動いて歩行をじゃまする。年若の瞽女は道の真んなかを歩くのにも苦労する。道の真ん中は村人の足跡でぐちゃぐちゃだ。仕方なく道の端を歩くことになるのだが、そこは逆に降り積もった雪で柔らかく歩きにくい。ときどき足を取られたりする。転ぶことも少なくない。

その冬の旅は杉本家の手引きのミツエを先頭にキクエ、シズコ、キヨコと、草間家の瞽女ヨシとの五人で西野谷に入った。杉本家の四人は上手に雪道を歩く。しかしミツエは転んでばかりなのである。ちょうど山で炭焼きをしていた村人がその様子を見ていて、

「おお、ハルちゃ、また転んだ」

こういって大声ではやすのだ。

夜になって、懇意にしている瞽女宿に炭を卸している人も、キクエたちの唄を聴きたくてやって来た。

「なんだハルちゃ、今日、転んでばかりいたの見たよ」

「なにいってんの、転びなんかしてないよ」

「ほんとかね、おまん、転んだろ」

「なんも、転びなんてしてないってば。転んだのはこの人でしょ」

こういってミツエを指した。村人は納得してくれた。

ミツエはキクエよりふたつ年上なのだが、とっても地味で四〇もでていないのに、瞽女仲間から、ばあちゃ、ばあちゃと呼ばれていた。ミツエは普段から口数が少ないので、よけいに老けた印象を持たれた。

「ばあちゃ、一杯やれよ」

村人にこういわれてからかわれた。

雪の日は村の青年が瞽女を背負ってくれた

越後は雪が深いことで有名だ。とくに高田や直江津（現在はふたつの市を合わせて上越市）では日本海から吹きつける寒波が大雪を降らせた。高田の近在に新井という村がある。ここも上越に負けず劣らず豪雪地帯だった。一月に訪れることもあり、吹雪であたり一面は真っ白になる。息をするのにも苦しいほどだ。なにしろひと晩で幼いキクエの背丈ほど降り積もる。目明きの手引きといえども、道案内に苦慮する有様だ。馴染みの瞽女宿を探すといっても、春先なら緑の木々も道も見え、手引きとしての役割を十分に果たせた。その手引きがときどき道に迷って立ち止まるのだ。

その様子を村の青年たちが見てはやし立てる。

「なんだ、どうした、どうした……。親方、よしよし、しょってってやるよ。わしらが送ってやったほうが早く着くよ」

全員の荷物を背負ってくれるのだ。なかには昼間から酒を飲んでいる青年もいる。

「よしよし、そんなモゾモゾ歩いてなんかいないでさ、おれがおぶってやるよ」

こういってキクエや足の弱ったマセを背負って道案内してくれる。ほどなく今晩お世話になる家の前で降ろしてくれる。夜になると、キクエたちの荷物や親方を背負ってくれた青年たちも宿に来てキクエたちの唄を聴いた。もちろん相応の金品を喜捨してくれる。

「親方、今日はあかちゃんになったのかね」

宿の女将さんがこういって冷やかした。夜の宴会は盛大に行われ、時間の許す限り延々とつづく。農村地帯の冬場の娯楽は少ない。そんななか、吹雪をかいくぐりながら娯楽を運んでくれる瞽女たちは、女神に見えたに違いない。

しろべさ瞽女の火事

瞽女の旅には不慮の事故がつきものである。キクエたちの話ではない。これはキクエが仲間から聞いた話だ。東頸城郡の旅だった。北方という村があり、そこに四郎右衛門（屋号「しろべさ」）という地主がいた。山瞽女の一行がそこに世話になった。最年長のリンは体調を崩していて、離れで休んでいた。若い瞽女たちは瞽女唄の披露のため、本宅に出かけていた。

　真冬だった。寒いのでリンは、荷物のなかから綿ぼし（綿の入った頭巾のようなものらしい）を取り出して被ろうとした。少しばかり動作が大きかったのか、綿ぼしの端がつり下げられたランプに触れた。普段、目の見えない瞽女は周囲の状況に非常に敏感になる。手で触れたり、嗅覚を生かして確認するのが常だ。しかし、このときは寒さがリンの感覚を失わせた。

　いきなりランプの油を頭から被ってしまった。火のついているランプだからたちまち炎がリンの全身を覆った。尿意を催した「しろべさ」の下男が庭にある便所に下りてきて、異変に気づいた。油の臭いが鼻をついた。臭いのほうに目をやると、離れから煙が出ているではないか。驚いて離れのなかを覗くと、ひとりの瞽女の全身から炎が立ち上っている。目の見えない年寄りのリンは、着物の帯を必死にほどこうとしている。しかし日頃から固く結ぶことを常としているリンの帯は容易にほどくことができない。苦しみもがき部屋中を転げ回る。

　これを見た下男が、離れの前にあった泉水にリンの身体ごと投げ入れた。ところが逆に炎がまるで雄叫びを上げるごとくに燃えさかったのだ。油に水を注ぐことは、火を消すことにはならない。下男は驚いて本宅に向かって走り出した。人を呼びに行ったのだ。本宅からは瞽女唄を聴いていた大勢の村人が飛び出してきた。

泉水のなかでリンの身体が燃えさかる。このままでは焼け死んでしまうと、小屋のなかから筵《むしろ》を取り出し、それを水に浸け（これを「のり筵」と呼ぶ。「のり」とは「濡れ」の意味）、リンの身体を包み込んだ。「のり筵」のおかげで火の勢いは急速に萎え、そして消えた。それでもリンはかすかに息をした。「しろべさ」の家の人がリンの実家に人を走らせた。間もなくリンの親が「しろべさ」に着いた。それを待っていたかのようにリンの身体が動かなくなった。

その事件のことは、『しろべさの瞽女』という名前で瞽女唄になっている。

〽いやだいやだよ　しろべさの瞽女さ
ランプかぶって　焼け死んだ
パカパー　チンカイネ

吹雪の新井方面への旅

厳冬期の二月にも旅に出た。今では旧正月という風習は消えてしまったが、昔はどの地方にも旧正月があり、二月は三日に出て、二一日には高田に帰るという決まりになっていた。旧正月に行くと大歓迎された。冬場には百姓の仕事は限られる。家にいることが多く、正月気分がよけいに高田の瞽女たちにはいい商売となった。

キクエたちは一二月にも訪れた西頸城の新井方面へ旅に出た。どの家からも声がかかった。気の合う仲間同士で出かけるのだが、それぞれに馴染みの瞽女宿があった。村の若い衆たちは、旧正月になると青年団の正月会というものがあり、瞽女宿に来て宴会になった。夜中の一二時前は婦人方、婦人方が引き上げたあとは青年団と分けられていた。

新井の矢代村の人は芸達者が多く、キクエたちが休んでいる間は彼らが唄を披露した。夜中の三時を過ぎる頃になると、寒さが身に堪えた。青年団がうたっている間、キクエたちは囲炉裏ばたに来て薪を焚いて暖をとるのだが、でもすぐにキクエを呼びに来る。

「さあさあ、親方は上座。そう決まっているんだから」

上座へ通されるのだが、そこは囲炉裏からはもっとも遠いところにあるため、とにかく寒い。集まっている村人の大半は、この瞽女宿の世話になっている人たちばかりだ。田植えの手伝い、稲をこく手伝い、田畑だけではなく、森林の伐採から薪集め、炭焼きまでなんでもあった。だからこの機会に当主（地主）から招待されるのである。

「わたしら、上座なんて嫌だよ。男衆差し置いて上座なんて嫌だよ」

こういっても、

「なにいってっかね、今日の席は親方が一番。親方を差し置いてわたしらが座るわけにはいかんね。親方を上座に置いて、親方が商売して、そうしてみんなが楽しむんだから。さあ、行った、行った」

そういって、キクエたちの手を取り、無理やり上座に座らせるのだ。

冬場の仕事のない時期は、「万歳」や『葛の葉』などの「語りもの（段もの）」をたっぷりと語った。とにかく『葛の葉姫　子別れの段』は人気があった。子を思う親の気持ちというものはいつの時代でも同じものだとキクエは思った。

キクエたちのそばに火鉢を置いてもらった。手をかざして暖をとるのだが、一度凍えてしまった手は容易に解凍できない。とくに明け方近くは家のなかが冷蔵庫状態となる。三味線もろくに弾くことができない。

その頃、煙草といえばキセルが主流だった。各自、自慢のキセルを取り出しては煙草を詰めてくゆらす。吸い終えた煙草を、ポンと火鉢に投げ捨てる。とくに親方のそばがいいといって、キクエのそばにある火鉢に捨てる。

夏場とは違い正月ともなればキクエたちも晴れ着を着る。でも、夜が明けて青年団たちが帰ったあとに晴れ着を見ると、裾付近にいくつかの穴が開いている。寒いので肩からショールをかけるのだが、火鉢に投げ捨てられた煙草の火がショールに当たって燃えてしまうことも少なくなかった。火が肌まで通らなければ熱さを感じることはない。ところがきな臭い臭いがあたりに漂う。

「あっ、こりゃ大変だ。親方の着物燃えてんぞ。そら消せ！」

酔っ払った者たち同士で消し合う。座が一気に沸く。実に楽しそうなのだ。大切な着物に穴が開いたとはいえ、弁償させるという気持ちがキクエには毛頭ない。宴会、とくに冬場の宴席では始終こういうことが起きた。

　女衆が帰れば男衆ばかり。無礼講だ。夜明けまでうたえ踊れの大宴会。外は大雪、なかは熱気が溢れかえり、しんしんと夜は更けていった……。

第四章　それぞれの旅路

キクエの失明、瞽女の世界へ

杉本キクエ（本名は青木ハル）が高田の杉本家へ瞽女として入ったのには理由がある。数え六歳のときに麻疹にかかり、それが原因で失明し、結果として杉本家に瞽女として入ることになった。

キクエが失明したとき、高田にはすでに盲学校があった。盲人にも高い教養と、鍼灸《しんきゅう》、按摩《あんま》という技術を身につけさせるという建学の目的で、明治一九（一八八六）年に私塾という形式で開校されていた。キクエも盲学校に通うことは可能だったが、入学者の大半が男性で、それも富農の子どもに限られていた。

女子に教養を身につけさせるという考えは皆無の時代だった。授業料や寮費など支払えるわけもなく、ごく限られた人たちにしか門戸は開かれていなかった。キクエの家は自作農で、どちらかといえば裕福なほうだと考えてもいい。キクエは瞽女になってからも再三、入学の誘いを受けたという。

この学校の特長のひとつに、授業課目に三味線と琴（箏）があったことだろう。それも教養としての位置づけではなく、職業の手段として考えられていた。当時、琴の師匠は社会的な地位も高く、数多くの流派も存在していた。卒業生のなかには、山田流正統派を継いだ人もいた。ただしそのすべては男性であり、女性が三味線や琴で名をなしたという話は聞かない。ましてや三味線の習得者が、あらためて瞽女の世界に入るなどということはありえない。盲学校の三味線と瞽女の三味線とでは住む世界が違った。

瞽女は当初から瞽女だけの世界として存在し、一般社会とは隔絶した関係のうえに成立した共同体であった。少なくとも社会的なさまざまの要因、とくに貧農という現実が、「口べらし」という合理的な手段をとりながら、日常生活をともにできない盲人を、結局は瞽女の世界へ送り込んだという側面は否定できない。

瞽女として杉本家に入る

キクエが杉本家に瞽女として入ったのは、数え七歳（明治三七年）の三月九日で、まだ雪が残った寒い日だった。

「おまんは、按摩さになるか、瞽女さになるか」

父親に、こう聞かれたキクエは、按摩は人の身体を揉む仕事で自分には合わないと思い、瞽女を選んだ。三味線を弾いて唄をうたうという仕事は楽しそうだと思ったからだ。

「ハルちゃ、おまん高田にはいつ行くんだ」

近所の人からこういわれたので、

「三月、暖かくなってから行くの」

こう答えた。高田に行くということが、なんだか楽しいところに遊びにでも行くような感じがした。

三月九日の朝、キクエは父親に背負われ、母親とともに二里の雪道を高田まで来た。

「ハル、ほら、これが高田の雁木というものだ。おまんが生まれた東中島では足駄《あしだ》は履けないけど、高田は雪が少ないからみんな足駄だ。足駄、おまんにも買ってやるよ。それから今日は、おまんがもらわれていく日だから、饅頭、いっぱい買ってやるぞ」

父親にこういわれてキクエはうれしくなった。下駄屋で足駄を買い、その隣にある饅頭屋で饅頭をひと抱えも買ってもらった。それを行李《こうり》（竹などで編んだ箱）のなかに詰め込んで、本誓寺町に着いた。

杉本家のマセが出迎えてくれた。

「おー、おー、よく来た、よく来た」

マセは、キクエの好物だったミカンと飴玉を用意して待っていてくれた。父親は行李に入れた饅頭を近所に配った。父親はひと晩、母がふた晩泊まった。

「ハル、わたしは帰るから、みんなのいうことをよく聞いて、よく遊ぶんだよ」

ふた晩泊まった母にこういわれたので、どうしてわたしを連れて帰らないの、とキクエが母に聞いた。

「一〇日たったらまた来るから」

母親のいう言葉に、この家で一〇日寝て待つと、母がキクエを迎えに来ると思い込んだ。その日から毎日母が来るのを楽しみに待った。母は、一〇日もしないうちにキクエに会いに来てくれた。

それから四、五日おきにキクエに会いに来てくれた。そのたびごとに、一〇日寝るとキクエを迎えに来るというので、その気になっていたが、そのうち来なくなってしまった。

そうしているうちに、キクエも杉本家の生活に慣れて寂しさを感じることがなくなった。

盆にも正月にもキクエは父に背負われたり、農耕馬に揺られて東中島に帰った。それまでどおり、気ままに自由に遊ぶことができたものの、少しばかり居心地のよさに変化が生じていた。

「ハル、おまん稽古しないと高田のおっかちゃに叱られんぞ」

三つ違いの兄にこういわれた。父親に兄を叱ってくれと懇願した。すると、

「こら、ハル、なにしてんだ。三味線の稽古もしないでいると、親方に叱られるぞ」

兄と同じことをいう父に驚く。

杉本家に年始に来た父に、帰りたいかと聞かれたキクエは答えに窮した。黙っているキ

クエに対して、父親はこういい放った。

「帰りたいだろうな。連れていくぞ。ただし稲田の橋までな。その橋のまんなかで、おまんを俵に巻いて橋の上から投げ込むぞ。そうすると直江津こっこまで行ってな、海まで流されるで」

　こういうのだ。愛娘に引導を渡すことで、覚悟を決めさせようとしたのだ。

瞽女のミサオの死

　北本町にある草間家のミサオは、キクエにとって一番の朋輩のひとりだった。杉本家と草間家とは一緒に組んで旅をする家同士。互いに行き来するほどの気心の知れた仲間である。ミサオは眉目秀麗。姿形も凜とした大人びた雰囲気を漂わせた。瞽女唄の技量にも秀でていて、どの村に行っても引く手あまただった。連夜の座敷は若い青年たちで満杯状態。喜捨もほかの瞽女とは桁が違った。草間家とすればミサオは家を代表する大エースである。同年代のキクエも、ミサオにだけは一目置いた。

　そのミサオが体調を崩して床に伏せるようになったのは大正元（一九一二）年のこと。キクエたちが信州の旅から帰った直後のことだった。八月一二日から一週間、「やぶ入り（盆）」で瞽女たちは自分の実家に帰り、骨休めをするのである。里帰りである。

その旅にはミサオは同行しなかった。高田に帰ると、組の親方の家に出かけて、「ただ今、帰って参りました」と挨拶をして回る。キクエが草間家を訪れ挨拶を済ますと、そこにミサオが出てきた。

「ミサオさ、どうしたんね。旅の疲れが出たんかね」

顔色が土気色となったミサオは、キクエにいった。

「どうしたんかね、今年の夏は暑さがどうにも身体に堪えるんだよ。具合が悪くてね……」

「今年の夏はとくに暑かったからね」

「そうだね、盆には家に帰って、医者にでも診てもらおうと考えてんのさ」

「それがいい。そうしなさい」

翌日、西頸城の浦本から迎えに来た父親におぶさって帰郷した。

西頸城方面の旅から帰ってきた翌九月二一日から二八日までは、高田の「お掛け所参り」というお祭りがあった。ミサオが元気なときは、キクエと連れだって縁日に出かけた。ミサオが実家の浦本から草間家に帰ってきたのはそんな時分だった。ミサオの身体は骨と皮だけの惨めな姿になっていた。

翌日から草間家では、ミサオの茶碗や箸から湯呑まですべてほかの瞽女のものとは分けて洗うようになった。

西頸城方面の秋の旅では、どの家に行っても真夜中まで臼を挽く音が響いていた。だからそんな時間に三味線をならすと喜ばれた。

「ああ、瞽女さだ。眠かったんだけど、三味線の音で目が覚めたわ。よかった。よかった」

こういって大歓迎され、収穫したての新米を頂戴することができた。それを草間家に集めて、平等に配られた。旅に出なかった杉本家の親方赤倉カツとキクエも草間家に出かけ、分け前をもらうのである。

キクエがミサオの身体を心配して座敷に上がり込み、ミサオの寝ている部屋に行こうとしたときだった。突然カツに手を引っ張られた。それでもキクエはその手を振り払い、寝ているミサオの背中を撫でた。

「ミサオさ、どうしたの。こんなに痩せて……、おまん、そんなに悪いんか……」

「いや、わたしはそんなに悪いとは思わん。医者も、じきに治るっていってた」

「そうかい、そりゃよかった」

「でもね、ハルちゃ、この間、塔ノ輪の酒屋さ泊まったのさ。そしたらわたしだけ茶碗、別に洗われたんだって……」

「どうして……」

「いや、知らん」

その声は実に哀しい声だったとキクヱは思った。

「なんで、そんなことしるんだろうね。なあ、ミサオさ、また浦本の実家に帰って達者になってきなさい」

「そうする……」

その様子を見ていたカツが強い調子でいい、前よりも強くキクヱの手を引いた。

「ばか、ハル、なにしてんなだ。来いや、帰るで……」

カツは見たこともない怖い顔をした（見えないキクエにはそう感じた）。

「おまんはどこまでばかなんだ」

「なして……、だってせつなかったんだもの……」

「ミサオは胸なんだよ」

「胸って……」

「ばか、肺病だよ」

「えっ、肺病……。ほんと……」

「そうだよ。胸の病なのに、なぜさすったり、なぜたり（撫でる）しんのだ。おまん、胸うつったらどうしる」

「おれ、知らん……」

ほんとうにどうしていいのかキクエには分からなかった。ああするしかなかった。胸の病気は助からないことも知っていた。でも、ミサオだけは治ると思っていた。信じていた。

その翌年（大正二年）三月二四日にミサオは死んだ。

その日は草間のオソノという瞽女が旅の留守を預かっていた。西頸城の矢代村方面への早春の旅だった。二四日の明け方、座敷で寝ていたオソノは、「おかん、おかん」という声で起こされた。不審に思ったオソノが玄関を開けてあたりをみたものの、誰もいない。それでも周囲を見回していたとき、郵便屋が現れ、電報を手渡した。そこには「ミサオシス」の文字。オソノは電報より先にミサオの魂が草間家に来たと思った。キクエは、「人の強い思いというのは、なによりも勝つものだ」といった。


さかのぼること大正二年一月、ミサオの父親は浦本から高田まで、一二里もの道を雪をかき分けるようにしてミサオに会いに来た。浦本から能生まで二里。そこまで来たら草鞋の鼻緒が切れてしまった。道中、草鞋は三、四足持ち歩いており、切れれば履き替えればいいだけだった。

ところが父親は履き替える暇も惜しがった。一刻も早くミサオに会いたい一心で高田に急ぐ。キクエが聞いたところでは、最後は裸足で小走りに北本町の草間家を目指したという。両足は霜焼けという軽い凍傷で真っ赤にはれ上がっていた。それほどまでに愛娘のミサオをかわいがっていた。瞽女に出さざるをえない事情というものがあったのだろう。だからよけいに罪の意識に苛まれたからなのか、その理由は定かではない。

「もう、食べたいものを食べさせていい」

医者にこういわれたミサオの父親は、愛娘の死が近いことを悟った。父親は漁師で、その日は早朝から沖に出なくてはならなかった。

「ハル（ミサオの本名）、行ってくるよ。帰ってくるまで力つけておけよ」

父はこういうと、ミサオの顔をしっかりと見つめた。それから手を握りしめ、手をミサオの頬にそっと触れた。

「もしも、ハルの命切れたら、浜で火を焚け。沖でそれを見るから」

家の人にはこういい含めて船を出した。

間もなく、父親は家の人が焚く浜の火を確認した。ミサオの死を知った。

「どんなにかわいがっていても、家の事情というものには勝てないよ。そりゃ、親心っていうものは、かわいいわが子を他人にくれてやるなんて気はないさ。ただ、目の不自由なもんが、自分ひとりで一生生きていけるわけないでしょう。食べさしていけんわけないけど、親がこの世を去ってしまったらどうしるの。兄妹があっても、憎まれてさ、仲間はずれにされるのがおちさね。それでは、あまりにもせつないよ。よくさ、〝かわいい子には旅をさせよ〟っていうじゃないの。それで按摩さか瞽女さにしたんだよ」

キクエは自身の過去を振り返ってわたしにこう解説してくれた。

「いいかミサオ、こうやって厳しく教えんのも、みんなおまんのためだ。唄も三味線もおまんの飯の種になるんだ。おまんが唄をうたい、三味線を弾けばそれでご飯食っていかれんだぞ。だからおまんはわたしを神さんだと思わないかん」

ミサオは草間家の親方オスギからいつもこういわれて育てられた。ミサオは盆や正月ややぶ入りに実家に帰ったとき、ご飯どきになると、必ず高田のほうに向かって手を合わせたという。ミサオは一七歳で死んだ。キクエ一六歳のときだ。ふたりは仲がよく、唄を教え合ったり、教えられたりした。誰よりも心が通い合える仲だった。これからひと花咲かせようというときだっただけに、ミサオの死は悔やまれた。

実はミサオには恋人がいた。人一倍大人びて見えた。銀杏返しの日本髪も実に見栄えがして、どこに出かけてもいい寄る男が絶えなかった。一六歳のキクエは、男が近寄ってくるだけで顔を隠して後ろを向くような初《うぶ》な娘だった。ミサオのような人は、長い年月を短く生きてしまうのだろうとキクエはいう。

親方のオスギは、ミサオを草間家の跡取りにしようと考えていた。だから少しでも早く一人前にしようと辛い修行を課した。おかげで誰よりも早く三味線も瞽女唄も上達した。しかし、そのことが原因で夭折したとオスギは思った。泣いて泣いて、涙が涸《か》れると思うばかりに泣いて過ごしたという。

はなれ瞽女たちの旅路

高田の瞽女に限らず、組織から離れた瞽女はひとりで生きていくことを強いられた。目の不自由な彼女たちは、組織をつくり、そこで決められた「掟」を遵守することで、自分たちも守られた。しかし、なかにはそれを守ることができない瞽女もいた。厳しい規律に嫌気がさし自由気ままに生きていきたいという。

瞽女の世界でもっとも重要なのは、修行年数である。年齢には無関係に修行年数が瞽女の世界の序列を決めた。「女」である瞽女の敵は「男」である。男に走った瞽女は、組織を離れた年数分だけ修行年数を削られる。

男に走ってそのまましあわせな生活を送ることができればいいのだが、大半の瞽女は男に捨てられた。組織に戻ることが許されても、離れた年数分を修行年数から削られた。離れる前には、「姉さん」と呼ばれていた瞽女が、戻ると逆に自分より修行年数が浅かった瞽女を「姉さん」と呼ばなくてはならない。それは彼女たちには屈辱的なことだ。だから、組織に戻ることを放棄する瞽女もいた。そういう瞽女を「はなれ瞽女」と呼んだ。

「はなれ瞽女」はひとりで商売をしなくてはならない。組織に守られていたときには、旅に出ても馴染みの瞽女宿に泊まり、食事も風呂も提供された。夜には、広間で村人に瞽女唄を披露することで、容易に喜捨を得ることができた。しかし一度、組織から離れた瞽女には宿も食事も、よほど慈悲深い宿主でなければ提供されることはなかった。宿のない瞽女たちは村にあるお堂などに泊まることになるのだが、そこは乞食の占有場所、住処《すみか》だ。

商売もままならない彼女たちは、村の祭りなどを回ることが多かった。祭りや縁日になると、境内に通じる道の両側に「はなれ瞽女」が大勢並んで三味線を弾き、唄をうたって喜捨を乞うた。それは見事に物乞いする乞食に酷似した。

以下は、杉本家に手引きとして入ったキノヱという目明きの瞽女が、東京へ逃げるときに目撃した「はなれ瞽女」たちの様子である。場所は高田寺町にある東本願寺高田別院の「報恩講」だ。

大正一三（一九二四）年九月二八日。「報恩講」というのは、九月二三日から二八日の間、宗祖親鸞の恩を謝する祭礼で、町の人たちはこの祭りを、「お掛所」とか「高田御坊」「お多屋」と呼んで親しんだ。

人びとは境内の内外や別院前通り沿道に並んだ露店や見世物小屋などを好奇の目で覗いたりしたが、年寄りの多くは本堂や食堂《じきどう》、総会所《そうがいじょ》、茶所《ちゃじょ》などに宿泊しながら、住職の説教に耳を傾け、お斎《とき》に舌鼓を打つことを無上の楽しみとしていた。本堂を中心にした境内には杉や松、銀杏の巨木がうっそうと茂り、六日間、それこそ不夜城と化す高田最大の祭りにふさわしい配置であった。

八月二一日からはじまった西頸城方面の晩夏の旅は、九月二四日には高田に帰り着くことで終わりをとげる。その旅は、まるで「掛所」に標準を合わせるように終え、一〇月一日からは東頸城方面への旅が始まる。その六日間は、「掛所」を楽しむことと次の旅への準備期間だったといえる。とくに若い瞽女たちには待ち焦がれていた祭りの日であった。

キノエは数えで二〇歳になっていた。太ってはいたが長身で座敷の花としても十分に艶やかさを併せ持つ。キノエはもともとひょうきんな性格だった。それが座敷では場を明るくさせ、旅先の村人からかわいがられた。杉本家の親方赤倉カツが逝ってから、早くも五年がたっていた。

　杉本家にはキノエのほかに、東頸城郡沖見村の出身でキノエと同じ手引きのタケ、さらにマスエ、シズ、それにキクエがいた。高齢のマセもいたが、実質的な差配は二七歳のキクエの肩にかかっていた。

　扇橋から土橋、植木市の開かれている横町を通り、別院前通りに出る。そこからは人の波に流されるようにして別院を目指した。道の両側にはテント張りの露店の列。綿飴、鳥飴、衣類、小間物、どら焼き、餡餅、菓子屋。さらに、覗きカラクリ、輪投げ、射的、どれでも三銭五厘の万屋などがぎっしりと軒を連ね、見物人の顔と手がせめぎ合う。

　仲町の空き地には、軽業《サーカス》のテントが人びとを呑み込み、空中ブランコや自動自転車《オートバイ》（「鉄球バイク」ともいう。巨大な鉄球のなかでオートバイを自在に乗りこなす）の妙技に目を輝かせている。山門近くにある宮田旅館からは、別院に泊まることができなかった浴衣姿の人たちが流れ出てくる。キノエの右手のなかでは、すぐ買えるようにときつく握りしめられ、汗ばんだ半銭や銅銭が動く。

　別院の山門をくぐるとき、キノエは顔をしかめた。山門の両側には「はなれ瞽女」が数人、三味線を弾きながら戯れ唄をうたい、道行く人に喜捨を乞う姿があった。キノエはどの村祭りでも目にする「はなれ」たちの姿を嫌った。元同業者がこのような汚い身なりで、それもわずかばかりの金を通りすがりの人に乞うことが許せなかった。その見えない目を必死の形相で前方に向けながら絞り出すようにしてうたいつづけている仲間を見て、キノエの心は少しばかり複雑さを増す。

キノエは十分に若かった。それに目も見える。杉本家にいて、手引きとしてキクエのいうことを守ってさえいれば、このような目に遭うこともない。自分は普通の娘たちと変わらない健康な身体に恵まれている。わけあって瞽女の世界に身を投じているが、新しい世界に飛び出していくことも可能なのだ。そう思うと、山門に居並んだ「はなれ」たちを見て、なぜか哀れに思った。

その後、キノエはこの雑踏を利用し出奔を企てることになる。高田駅から乗車すれば必ず見知った人に気づかれる。そこで、親戚のいる能生の駅から夜汽車で東京に向かうことになるのだ。

昭和四六（一九七一）年、中日新聞が高田の杉本家を取材したことがある。キクエたちはすでに旅に出ることはなかったが、新聞社に頼まれて、旅装束のままコトミを手引きにキクエ、シズコの順で近くを歩く様子が撮影されて新聞に載った。その新聞を金沢にいたキノエの長女が見つけてキノエに伝えたのである。かつて手紙を出したことはあるのだが、なにかの手違いで戻された。それでキノエは、キクエたちは死んだのだと思い込んでいたのだ。キノエは長女に頼んで、キクエに電話をかけた。

「あんた、金沢の人って……、誰ですか」

「姉ちゃ、わたしだよ、わたし……」

「わたしって……」

「キノエだがね、キノエ……」

「えっ、キノエ……、キノ、ほんとか、おまん、生きていたんか……」

「姉ちゃこそ、生きていたんだ」

キノエもキクエも言葉にならず、ただひたすら電話口で泣きつづけた。

その年の暮れ、キノエは長女に守られるようにして懐かしい高田の杉本家を訪れた。実に四四年ぶりの再会だった。

引き戸を引く音がした。やがてソロソロと歩いてくる下駄の足音がした。キノエにはそれが誰の足音なのか、すぐに分かった。

実はわたしもその場に居合わせている。キクエたちの取材を開始したのは同年の一月三一日である。キノエとの再会の話を聞きつけて、わたしと写真家の稲葉喬氏とで高田に向かった。

はなれ瞽女となったキクノ

キクエが数え七歳で杉本家に入ったとき、一五歳になるキクノという先輩の瞽女がいた。キクノとキクエという名前が似ていて紛らわしいということで、キクエは〝ハル〟という本名のままとした。キクノの実家は裕福だったが父親には浪費癖があり、そのことを非難する母親とは常に諍《いさか》いが絶えなかった。

キクノの将来を案じた母親は、七歳になったばかりのキクノを高田の杉本家に瞽女として預けることになった。さすがに世間体が悪いとでも思ったのか、一五歳になっていたキクノを父親が取り戻しに高田にやって来たのだ。

高田瞽女の「掟（規則）」のなかに、一人前になる前に引き取ることがあった場合には、「てま金」と呼ばれた罰金を支払うという項目があった。瞽女の親方は、幼い瞽女を一人前にして商売に出し、喜捨を得る。商売に出る前に親元に戻されては一文の得にもならない。そこで、それまでの養育費という名目で金銭を要求した。父親は「てま金」を支払いキクノを実家に引き取ったのである。

ところが身持ちのよくないキクノには、山寺薬師という村に恋人がいた。実家を飛び出し、その男と暮らしながら同じように家を持たない瞽女と組んで気ままに商売をやった。

「座」から離れた瞽女はこうして「はなれ瞽女」として生活した。

その後、キクノは男に捨てられ、独り身になった。子どもができると、目の見えない瞽女には養育は困難を極めた。実家に帰って、子どもの養育を委託する瞽女もいた。しかし、世間の厳しい目が実家の親に注がれた。世間体を気にする親はどういう気持ちで父無子《てでなしご》を育てたのだろう。

「はなれ瞽女」の大半は、長生きして天寿を全うすることはなかったとキクエはいう。多くは男に捨てられ、惨めな生活を余儀なくされた。

「目の見えない人は、こうやって親方の恩を受けて生活ができるんだよ。育てられた恩を忘れてはいけないね。わたしにもいい寄ってくる男はいたけど、そんなの信じなかったね。そんときだけのことで、捨てられるに決まっているさ」

キクエはこういってそのときどきの親方に感謝の言葉を口にした。

ミツエも、はなれ瞽女になるしかなかった

草間家にミツエという瞽女がいた。何ごとにも不器用で要領が悪い。草間の親方からきつくいわれたことが原因で草間家を飛び出した。「はなれ」たのである。しかし、もともと頭の悪いミツエに「はなれ瞽女」は無理だった。

そこで按摩になろうと信州で修業したものの、暇を出された。そして再び「はなれ瞽女」となった。

「弟子になってさえいれば、いくらでも泊めることができたのに、親方さと別れたんなら、もう泊めることはできないよ」

草間家の馴染みの瞽女宿にも断られた。仕方なく安宿に泊まることになるのだが、そこはさまざまな職業といえば聞こえがいいが、いわゆる日陰で生きる人たちの定宿でもあった。そうなると男たちが寄ってくる。器量もよくないミツエであっても男が寄ってきた。

ミツエはゴム靴直しの男と所帯を持った。しかし、仕事に身の入らない男はとうとう乞食になった。そのうえ、小さな子どもにいたずらして牢屋に入れられた。その男と別れたミツエは、再び新しい男と一緒になった。その男も甲斐性なしで、またまた別れた。そして食い詰めたミツエは、詫びを入れて草間家に戻った。

しかし、生来の放浪癖は直らずに、草間家を追放され「はなれ」になった。ミツエは三たび男をつくった。ミツエは男に病気をうつされ実家に戻り、そこで死んだ。

草間家から暇を出されたとき、ミツエは一度は実家に帰ったらしい。しかし実家にはミツエが暮らす場所はなかった。田植えどきで、田んぼの雑草を取るように命じられたものの、目の見えないミツエには至難の業だった。そこに自分の居場所がないと悟ったミツエは実家をあとにした。「座」から離れた瞽女には、生きていく術も場所もない。「座の掟」の遵守は、目の見えない彼女たちを守ったのだ。

川に落ちて死んだキク

旅する瞽女がもっとも苦労するのが道幅と橋だった。とくに道は季節によってその姿を大きく変えた。東頸城、中頸城、西頸城、いわゆる頸城三郡は比較的近場ということもあり、晩秋から初春という冬場に旅した。高田から遠い信州の旅は基本的に夏である。道幅が狭くとも、小さな橋でも手引きが導くとおりに渡れば怖いことはなかった。ただし、台風に遭遇すると道も橋もその様子を一変させる。このときは、台風が過ぎるのを待てばよかった。

しかし、頸城三郡の冬の旅は予想外の積雪に見舞われることも少なくなかった。道は狭く、吹雪で道が見えない。川に架かる橋といっても千差万別。当時はもちろんコンクリートの橋はなかったものの、頑丈に組まれた立派な木の橋も多い。逆に、杣道の先にある川に架けられた木の橋は大抵、村人が農作業用に架けた簡易な橋だった。村人には難なく渡れる橋だったが、目の見えない瞽女が手引きを先頭に渡るといっても困難を極めた。

キクエも橋を渡ることをもっとも嫌ったひとりである。せめて欄干とはいわなくとも、手すりでもあれば問題ないのだが、目の見える村人には不要だった。風が少しでも吹けば揺れる。生きた心地がしない。

先代の親方でキクエが「マセばあちゃ」と呼ぶ杉本マセは、片方の目が見えるにもかかわらず、橋を異常に怖がった。マセの場合は、村人が通るまでその場でひたすら待つ。偶然通りがかった村人に手を引かれてようやく渡る。渡り終えたマセは、今度は渡り切れていないキクエを指さし、背負って渡ってほしいと懇願した。幼かったキクエは他人の背中におんぶされることを非常に喜んだ。だから狭い橋があると、背負ってもらえると大喜びなのである。橋を怖がるようになったのは、大人になってからの話だ。

高田の瞽女仲間「あげ石」家にキクという八、九歳くらいの幼い瞽女がいた。西頸城の能生谷に槙という村があり、キクたち一行は、その先の下倉という村に行こうとした。春になると能生川は雪が溶けて水かさを増す。

目の見える手引きとしてもらわれてきたキクは、周囲の空気を明るくしてくれる性格な一方、少々お調子者のところがあり、周囲をはらはらさせることが少なくなかった。その日、能生川に架けられた橋は手すりもない村人専用の橋だった。

「水なんて怖くないわ。どれ、こんな大水のなかで泳いでみるか」

こういって渡り出したのである。ところが、橋の半分まで行かないうちに目を回して能生川に落ちた。田んぼで代かきの準備をしていた村人が、慌てて流されていくキクのあとを追うのだが、流れが速くたちまちキクの姿を見失った。下流に中野口という村があり、そこは比較的平坦な土地が多く、川の流れもゆるやかになる。キクは中野口の村人に助けられたが、すでに息絶えていた。

「この姿のまま高田に運ぶのは無理だ」

こう判断し、村人の手によって川原で荼毘《だび》に付された。川原で火葬されている最中、キクと一緒に旅していたオミカという瞽女が到着した。キクが火葬されているということを知ったオミカは、燃えさかる火の前にひざまずき、

「キクやー、キクやー」

目の見えないオミカが泣き叫ぶ。不思議なことが起きた。オミカの耳に、「はーい」というキクの声が聞こえたのだ。

「キクが、キクの声が聞こえる。キクが返事している」

見えない目を見開いて、声のするほうを見つめる。半狂乱の形相で、「キクの声だ。キクの声だ。キクが返事している」と叫びつづけた。

灰になったキクは、高田の「あげ石」家に運ばれ、弔われた。

「キクって子はね、小さい頃から水に祟られていてね、そういう子は氷屋の暖簾の下でも

死ぬんだって、どうしてもそういう運命なんで、逆らえないんだよ。その弟も水で死んだ。やっぱり持って生まれた因縁ていうんでしょうね」

キクエはさりげなくわたしにこう運命論を展開してくれた。

放火した瞽女

瞽女の嫉妬は晴眼者の何倍も怖いものである。

高田六ノ辻に古川という瞽女屋敷があった。最初の親方をタキという。タキの弟子にテイという名前の瞽女がいた。テイは三味線にも瞽女唄にも長けていた。それに加えて器量よしときたものだから男たちにはモテた。

テイが弟子をとれる年齢になり、寺村という村から弟子をとって独立した。しかし、その弟子が一〇歳か一一歳の若さで死んでしまったのだ。タキはひどく落ち込んだ。独立したテイを古川の跡継ぎとして迎え入れることはできない。だが、古川にはタキに取って代わるような器量のある弟子はいないのだ。仕方なくタキはよその家から弟子をとることにした。高齢のタキには待ったなしの状態だった。跡継ぎができないと、家は取りつぶしになる決まりだ。他家から弟子をとることを、瞽女の世界では「後妻」という。後妻の名をシゲといった。

ところが古川には、以前からヨシノという瞽女がいた。シゲが古川の後妻になると決まると、それに嫉妬してヨシノはシゲに辛く当たった。自分が古川の跡取りになれると踏んでいたヨシノは、ある晩、二階に上がりそこに火をつけた。古川がなくなれば、跡取りの話も消えてしまうと思ったからだ。

火をつけたヨシノは、なに食わぬ顔で階下に降りてくると、タキやシゲたちと一緒に床のなかに入った。しかしすぐに床に座り込んだのだ。逃げる用意をしていたと思われる。

「火事だ！　二階が燃えてるぞ」

古川の隣家の丸山家の瞽女が火事に気づいて叫んだ。その隣にある藤沢家の瞽女たちも大声を上げた。五月の高田は空気が乾燥していて燃えるのが速い。春の疾風がそれに拍車をかけた。

ヨシノは逃げた。高田駅の裏手に新地と呼ばれる地域があり、そこのヨシノといい仲になっている按摩の男のところに逃げ込んだのだ。古川家では火の勢いが強く、藤沢家と丸山家にも延焼。半鐘がジャンジャン鳴り、火消しの男たちが激しく行き交った。とうとう三軒とも全焼してしまった。

なぜか警察はシゲが放火したと怪しんだ。跡取りに決まっていたシゲが自分で火をつけることなど考えられないのに、シゲを執拗に責めた。

「シゲ、おまん、ほんとうは目が見えるのだろう。なのに、弟子の面倒をみることもできんのか」

警察は目の見えないヨシノを不憫に思ったのだろう。白状しろと、シゲを殴る蹴るという取り調べをしたという。それでもシゲは黙秘した。ヨシノの容疑を自分で受ける覚悟をしていたと思われる。

警察はヨシノが犯人であることを知っていた。泣きじゃくるヨシノを不憫に思ったのか、ヨシノに知恵をつけた。

「なあ、ヨシノ。おまん、二階で煙草吸っていたのと違うか。おまんの知らないうちに畳にその火がついたのだろう。気づかなかったんだな、ヨシノ」

「はい、そうです」

ヨシノはあっさりと白状した。これでは放火ではなく過失による失火となり、罪は軽くなる。

放火で家を失った古川家は、新地近くに家を買い求めて引っ越した。もらい火の藤沢家、丸山家がどうなったのか定かではない。結局、ヨシノは古川の家を出て按摩の男と一緒に暮らしはじめた。その後、ヨシノは按摩の技術を習得して按摩師になった。妙高（旧田口）から少し山を登ると、妙高温泉があり、その奥にある赤倉温泉で商売をした。

だが、生まれつきよこしまな考えが染み込んでしまったヨシノは、客の懐から財布を抜きとる事件を起こした。やがて、妙高にも赤倉にもいられなくなり、上州渋温泉にたどり着いた。その後、五人も子どものある男の後妻になった。そこも追い出され、最後には松本まで流れたと聞く。

赤倉カツの死

キクエの実質的な師匠は赤倉カツである。本名中村カツ。明治八（一八七五）年生まれ。数え九歳で杉本家に入った。妙高山の奥座敷と呼ばれた赤倉温泉の出であることから、赤倉カツと呼ばれていた。カツが五歳のときに母親と死別する。父親の手ひとつで育てられたが、盲目のカツを育てることは困難を極めた。

杉本の親方マセが信州への旅の帰りに赤倉に立ち寄ったとき、偶然カツの話を耳にして実家を訪ねた。親戚も集まり相談した結果、このまま父親だけで育てるのは難しい、瞽女にしたほうがいいという結論になり、杉本家に預けられた。親ひとりで盲目の少女を育てるのは困難であり、親が先に死んだらこの子ひとりでは生活できない。彼女の行く末を勘案して決めたというのが決まり文句だった。

こうして赤倉カツは、杉本家に瞽女として預けられることになった。その日は、田口駅前にあったカツの親戚の家に一泊した。ところが翌朝、突然父親が現れたのだ。

「この子をおまんたの世話になろうと思ったけど、寂しくてとてもわしひとりじゃ生きていけない」

こういって頭を下げるのだ。マセが裏庭にある大きな柿の木の下に父親を呼び出した。

「おまんの子どもだから、どうしても連れて帰りたいというんなら、そうしてもいいよ。でもさ、この先どうしるの。おまんが一生、この子の面倒をみることなんてできるわけないだろう。おまんが死んだあと、この子はどうなると思う。一人前の瞽女として立派に商売できる腕を持てばひとりで生きていけるんだよ。それから高田に来ればいつでもこの子に会えるんだよ。おまんがこの子を捨てたわけじゃないんだから……」

マセは真剣に父親を説得した。

「そうだよね、わしが悪かった。勘弁してくんない。この子がわしの手からはなれていくのが寂しくて……。いわれてみれば確かにそうだ。申し訳ない。この子、よろしくお願いします」

こう詫びて、父親は帰った。

その年の盆に、父親は赤倉から高田まで九里の道のりを歩いてわが子に逢いに来た。カツを背負って、来た道を赤倉まで戻っていった。実家に着くと、カツと仏壇の前に座り、亡くなった妻に詫びた。

「おかん、勘弁してくんない。この子の先々を考えれば、手に職をつけさせることが大事だと悟ったんだよ。それにしても瞽女さにしてしまって勘弁してくんない」

父親は亡き妻にこう語りかけるのだった。

キクエが一五歳のときにシズコが来た。手引きのキノエをはじめ、若い子が大勢いた。初めのうちカツは家の者たちにきつく当たることはなかった。しかし、カツは自分のことにしか興味を示さない女だった。マセに次ぐ実質的な親方になっても、子どもたちの面倒をみることはなかった。日常生活の躾などはすべてキクエの仕事になった。

しかし、三味線や瞽女唄の修得は目を見張るばかりに上達が早かった。大人になると器量のよさが腕に拍車をかけ、座敷での評判はうなぎ登りとなった。喜捨の量も他の瞽女たちを圧倒した。若い男ばかりか女たちにも人気があった。

カツは生涯に四人の子どもを産んだ。器量よしの瞽女は必然的に男を呼ぶ。キクエのように拒否することはできたが、カツはそうしなかった。キクエは「四人もし損じた」という。瞽女の世界で姦通はご法度である。先にも述べたが、この世界では修行年数だけが序列を維持する。瞽女屋敷から逃げたとき、子どもを産んだときには、最高の罰が下される。「年落としの刑」である。刑の重さにより修行年数を削られる。瞽女の世界での序列が下がる。

　当時、子どもを堕ろすことは厳罰で、キクエの言葉を借りれば「警察沙汰」だという。カツは自分の家（実家）で産んだり、旅先で産気づきその家（瞽女宿）で産んだ。基本的に子どもを連れて高田の家に戻ることはできない。結局、男が責任を持って育てるというのが当然だった。しかし、男のなかには責任を放棄して逃げ出したり、自分の子どもではないと主張したりする者もいた。生まれた子どもは母親となった瞽女が育てることになるのだが、盲目の彼女たちに子育ては至難の業だった。「はなれ瞽女」となり、子どもに手を引かれながら喜捨の旅をする不遇な瞽女もいた。そうした瞽女の多くは体調を崩して早世した。赤倉カツも例外ではなかった。

　大正八（一九一九）年三月四日、キクエはキノエ、赤倉カツとともに新井への旅に出た。三月とはいえ、豪雪地帯のこのあたりは雪が深く、とても春という季節感はなかった。泊まりながらようやく岡沢までたどり着いた。前の晩は西野谷に泊まった。西野谷の瞽女宿では、この家の婿取りの女性が風邪で炬燵に寝た切りになっていた。そこにキクエたちが到着した。

　気配を察した女性は炬燵から出て、自分の部屋に移っていった。カツは風邪を引いていた先ほどの女性が入っていた場所に足を入れた。疲れたのか、すぐに横になった。

「おかん、風邪引いたりした人の場所に寝たりして、風邪うつるんでないかい」

「ばかいうんでないよ。そんなこというもんじゃないよ」

キクエの言葉に耳を貸さないカツ。ところが風邪がうつってしまったのだ。

次の日、キクエたちは岡沢へ向かって旅立った。カツの様子がおかしい。背中がゾクゾクするという。風邪だ。昨晩のことがキクエの脳裏に蘇る。途中、菅沼という村の定宿で昼食をいただいた。宿の女主人が、カツの様子に気づき、今夜はここに泊まるように説得した。

「どうもありがとうございます。でも、こんなに天気がいいんで、岡沢まで行くわ。明日天気荒れたら困るんで……」

カツがこういって女主人の申し出を断った。

岡沢には夕方着いた。すぐに瞽女宿で荷物を降ろすと、それを待ってでもいたかのように近くの家の女衆《おなごしゅう》が集まり出した。民謡など比較的軽い唄をうたった。夜の一一時過ぎになると、仕事を終えた男衆が広間を埋め尽くした。みんなカツの唄を聴きに来たのだ。すぐに宴会になった。しかし、この日のカツは体調が戻らず、別の部屋に床をとって横になった。

「おら、どうも風邪っ気で身体がいうことききかん。ご免こうむってひと足先に休ましてもらうわ……」

仕方なくキクエとキノエのふたりでつとめた。しかしカツのいない座敷は盛り上がりに欠けた。

カツの体調は依然として回復の兆しさえ見えなかった。翌日も、その次の日もカツの高熱はつづいた。容態の悪化したカツを見たこの家の次男が、赤倉カツの実家まで二度も飛脚を出した。キノエはカツにつきっきりで看病した。結局キクエひとりが岡沢の家々を門付けして回り、座敷もひとりでつとめた。昼は門付け、夜は村内の馴染みの家で明け方まで三味線を弾き、瞽女唄をうたった。岡沢の瞽女宿から次の村へ行くことができなかった。

ある日、外でキノエがキクエを呼ぶ声が聞こえた。目の見えないキクエは、泊まっている家の場所を知らない。キノエがキクエの寝ている家を探し出し、声をかけたのだ。

「おっかちゃ（カツ）、早く来いって、おまんのことみんなで探しているよ……」

驚いてキクエは飛び起きた。瞽女宿に着くと、すぐにカツの寝ている寝床の枕元に座った。カツが危篤であることはキクエにも理解できた。

「おかん、何か食べるか、おじやでもつくるか……」

キクエの声にカツがわずかに反応した。キクエは家の人に頼んで、おじやをつくってもらった。キノエが床の上にカツを起こして食べさせると、なんと一膳ぺろりと食したのだ。

「抱いて、抱いて……」

食べ終えたカツはキノエに向かったこう叫んだのだ。キノエは必死の形相で抱きかかえた。カツの顔に喜びの色が浮かんだ。次の瞬間、カツの顔色が土気色に変わった。杉本のマセに知らせるべく、瞽女宿の主人が高田に向けて出立した。主人が半道（半里）も歩かないうち、まだ宵の口なのにあたりが「シーン、シーン」としたという。主人はカツの目が落ちたことを悟った。

その頃、カツを抱いていたキノエの身体が大きく傾ぎ、カツの身体が大きく揺らいで滑るように床に落下した。

「抱いてくれって、夢中でいったんだろうね。死の間際というものは、人に抱かれたくなるらしいね。そんなときは、半分死んでいたんじゃないのかね」

キクエはいう。

次の日、カツを載せた戸板を八人がかりで担いで高田の杉本家まで運んだ。キクエたちは新井から汽車で高田まで帰ってきた。赤倉カツ四四歳、キクエ二二歳だった。

第二部　取り憑かれてしまったわたしの体験記

高田瞽女杉本家への取材は一三年を要した。おそらく三〇回に届くほど通い詰めたと思う。杉本家の引き戸を開ければ、「ただいま」といい、辞するときは「行ってきます」といって戸外へ出た。わたしの座る位置も決められていた。ときにはみんなで夕飯をいただくこともあった。わたし専用の茶碗と箸も用意されていた。一介の訪問者が、回数を重ねることで互いの胸中を知り、家族同然の付き合いをさせていただいた。そのことが杉本家の瞽女たちに少なからぬ変化をもたらしはじめていたことに、不覚にもわたしは気づかなかった……。

一、昭和五三年終戦の日、わたしは高田駅に降り立った

昭和五三（一九七八）年八月一五日。真夏の高田駅に降り立つ。汗が肌にくらいつくような暑さ、と表現したらいいのだろうか。それにしても風がない。

肩に食い込むほどのショルダー・バッグには、カメラやメモ用のカセットレコーダー、資料、それに着替えなどがぎっしりと入っていた。三泊ほどの取材旅行なのに、心配性のわたしにはどうしても余分に詰め込む癖がある。暑さで影という影が溶け出さんばかりに

揺れ、流れる。わたしは夏の陽に酔っていた。

駅頭から延々とつづく雁木は風雪を遮断するだけではなく、夏の強い陽射しから家々の玄関先をまもる役目をしてくれた。その雁木の流れが、なぜか過去にタイムスリップするための長いトンネルとして映ってしまう。そしてその流れは、杉本キクエらが住む東本町四丁目に近づくほど、過去が鮮明に蘇ってくるようだ。

やがて、かすかに「杉本キクイ・シズコ・コトミ」と読み取れる表札を確認し、手垢で汚れた引き戸をゆっくりと引く。

玄関の戸を開けてなかに入ると、とくに上がり框に面した部屋は明り取りの窓もなく、真夏の太陽に痛めつけられた両眼には部屋の輪郭をつかむどころか、三和土を奥に進んでいくことさえままならない。奥の茶の間から真っ先にコトミが出てきて裸電灯をともす。電灯の傘が揺れ、そこにあるいくつかの調度品にモノクロの濃淡をつける。すでに見慣れているはずの柱時計を初めて確認して胸を撫で下ろすのだ。

長火鉢の横を通り抜け、部屋の境に立つシズに導かれるようにして奥の八畳の茶の間に通される。茶の間とはいえ、居間と寝間を兼ねた生活の中心になる部屋で、北側に面したすりガラスを通して真夏とは思えない鈍い光が差し込んでいた。そのわずかな光のなかで、先々代の親方マセの代からある二棹の箪笥と一石は入る巨大な米櫃、一〇〇年は優に越しているると思われるトロトロとした飴色の木目、そして銀杏返しに結ったキクエの艶やかな髪形が目に入った。

杉本家の家は先々代のマセが三〇歳の明治二五（一八九二）、六年頃、直江津に引っ越していった船大工の棟梁から買い受けた。マセはもともと同じ高田の馬喰町にあった同業の「宮下」という家にいたのだが、そこの親方との折り合いが悪く暇を出されてしまった。その後、本誓寺町の実家に身を寄せていたとき、道を挟んだ斜め向かいのこの家が売りに出されていたのを買い取り、併せて杉本家も起こしたというわけである。だから杉本家という屋号よりも、家そのものや家具調度品のほうがはるかに星霜《せいそう》を経ていることになる。

北側の窓を背にしながら朝茶をすすっている親方の杉本キクエ、その正面に滴り落ちる汗を手拭いで拭き取っている五十嵐シズ、その右隣には、シズと少しばかり距離を置いて難波コトミが座っている。

コトミは、わたしやキクエ、シズの茶の催促にときどき立ち上がって炊事場の板の間にあるガステーブルで湯を沸かしたり、ポットの湯を急須に注ぐのに忙しい。最近まで七輪で炭火をおこすこと、これが朝一番にやるコトミの仕事だった。七輪がガステーブルになり、鉄瓶がポットに変わってしまったのも、そのほうが便利であり弱視のコトミにも十分操作できたからである。旅に出なくなってから、確かに日常の生活にもわずかながら変化が生じていた。

わたしはキクエを右手に、箪笥を背にして座る。これがいつものわたしの座り位置である。わたしがいないときはシズの場所になる。

それにしてもその日は経験したことのないような暑さだった。高田には風がないと勝手に決め込んでいた。それほどに夏は暑く、それも乾いた暑さではなくどこか湿り気のある重くるしい暑さだ。

南北に長い杉本家では、玄関にあたる南側の窓も引き戸もすべて締め切ったままである。東西は町家造りですべて壁になっているために奥まで窓がない。唯一、玄関から一番奥の北側にしか窓はない。せめて南側の引き戸でも開けて風の通り道をつくってくれればと思うのだが、猫嫌いのシズは、野良猫が入ってくるからという理由で開けようとはしない。その身動きの取れない暑さのなかでひたすら風を待った。

二、「わたしは白鳥になりたい」

気心が知れれば互いの距離も縮む。やがて冗談をいえる間柄になっていた。わたしはシズを「シーちゃん」と呼ぶ。キクエもシズもわたしを「大山さん」と呼ぶ。コトミがわたしを呼ぶことはない。

彼女たちとの話はだいたい取り留めのない内容になる。しかしときとして信じられないような、理不尽ともいえる発言をすることがある。シズがそうである。変だ、可笑しい、といってもシズは自説を曲げようとしない。それどころか、逆になぜ疑問を抱くのか、と叱られたりする。

こんなことがあった。

「おまんはいいいな」

とシズがいった。なんで、と聞くと、男だからと答える。わたしは単に性別としての男女の違いと考えていたので、女に生まれたのが嫌なら、今度は男に生まれてくればいい、と話した。

「ないね。もう、それはないよ……。だってわたしは女だから……」

男に生まれ変わることはない、といって肩を落とすのである。わたしは、そんなのは出鱈目で、生まれ変わるときには必ず希望どおりになると声を強めた。シズがほんとうに落ち込んでしまいそうな気がした。そのときシズが口を開いた。

「だって、男というものは罪つくって罰が当たると、次は女にしか生まれないんだよ。これは人間だけじゃなく、動物でも虫でも同じだという話だよ。みんな雌にしかなれないんだよ。そう決められているんだよ。わたしは女だから男に生まれてくることはできない。だから男は偉いんだよ……」

シズはそう思い込んでいた。キクエがいうには、前世と、来世でなにに生まれ変わるのか、ひとりひとり記されている本があるという。キクエの親方にあたる赤倉カツという瞽女がその本を見ると、前世は男だったそうだ。それで罪状は、家を建てるとき寺の杉の木を一〇本借りたのだが、それを返さなかったためと記されていたという。そういえばカツは喋り方や気性が男っぽかったと話した。

「だって、あんた、汽車や自動車走らしたり、飛行機飛ばしたりするのはみんな男でしょう。女がしたってこと聞いたことないよ。力仕事だって男のほうが上だ。それがなによりの証拠でしょうが……」

こうこられると返す言葉が見つからない。一生ピントの合わないレンズでシズを見るような気がしていた。

「男女同権だとか、ウーマン・リブなんていうのは許せないよ。男の人に手を挙げるなんて罰当たりもんだ。男は神さんなんだよ」

シズの声には握りしめた拳を突き上げるような強さがあった。

シズたちはラジオをよく聞く。ラジオの普及によって仕事を奪われてしまったシズたちが、それに聞き入るというのも皮肉だ。ニュースなどを通して世情などにもかなり通じている。

「だいたい女のくせして国会議員になるというのは許せない」ときたので、イギリスの保守党の党首はサッチャーという女性だし、インドの首相もガンジーという女性。ただしインドは多産国だから三人目を産むことを許さず、避妊の手術を強制したため落選してしまったことなどを紹介した。

「ナニ、女を摘《と》っちゃった……」

子どもを産んだことのないシズたちが避妊手術に、声を荒らげて異議を唱えたことには驚かされた。シズたちは石女《うまずめ》（子を産めない女性）ではない。組織をまもるために男と交わることを禁じられたからだ。

話はインドという国はいかに汚いかへと留まることなく進んでいく。いつもこんなふうであった。瞽女という宇宙が彼女たちをランダムに振り回す。地球人のわたしには理解できない。

ウールの単衣ものの衿元《えりもと》に白い手拭いを巻きつけたシズは、流れ落ちる汗を気に留める素振りも見せず、しばらくその姿勢をとりつづけていた。ときどき駱駝《らくだ》色した夏用の足袋のうえから無意識に足をかいている。

右手に握りしめられた汗拭き用の手拭いがしわになり、薄汚れたように濡れている。北を向いてきちんと正座しているシズの顔は、差し込んでくるわずかばかりの自然光と、ともされた裸電球の鴇《とき》色をした光とが、ときおり屈折するように色を変えた。シズの少し落ちくぼんだように固く閉じられた眼の周りは、汗を強く拭うためかいつもほんのりと赤みを帯びていた。それは自然光を背にして座っているキクエやシズの後ろに隠れるように背を丸め、うつむき加減のコトミの顔色よりもかなり艶やかに映った。

わたしは恐ろしいまでにきれいな顔をしたシズの写真を思い出していた。昭和一五（一九四〇）年、高田天林寺《てんりんじ》での最後の妙音講のあと撮影した写真には、丸髷を結い鼈甲《べっこう》のかんざしをつけたシズが、キクエの後ろではにかんだように立っている。窓から差し込む自然光が鼻筋の通った顔に陰影をつけ、切れ長の目が手弱女《たおやめ》のような美しい人に仕立て上げている。シズはこのとき数え二五であった。

シズは扇風機が苦手だった。この風に当たるとてきめんに頭痛を訴えた。胃病の回復と引き換えのように頭痛が頭をもたげた。扇風機が実は来客のためにだけ首を振っていたと気づかされたのは、かなりあとになってからである。客に涼風を送りながら、シズは頭痛に耐えていたのだ。それに気づくまで、わたしは当然のこととしてその風を受けていた。

そのシズが少しばかり変化しはじめたと気づいたのはいつ頃からなのだろう。変化したなどと鋭角な表現ではなく、ときどき顔を見せる者には誰にでも分け隔てなく与える自然な笑顔を、わたしが勝手に〝好意〟と解釈しただけにすぎないのだが、わたしの目にはここを訪れはじめたときとは明らかに違う表情をしていた。

シズの頭痛持ちを知って扇風機を遠慮し、団扇を使いはじめた。

わたしは流れ落ちるシズの汗に気づき、手に持った団扇で風を送った。その途端、シズがぎくりと顔を私のほうに向け、えもいわれぬ表情を示した。そしてあわてて手拭いで顔を拭った。その手拭いを膝のうえに置くと団扇を取り上げ、少しの間、自らの顔に風を送っていたが、いきなり団扇を置くとわたしの目を見据えるようにして、口を開いた。

「わたしはどうしても白鳥になりたい」

「生まれ変わるとしたら、なにになりたいか」

これは単なる言葉遊びにすぎなかった。どんな答えでもよかったし、途中で変更しても一向に構わなかった。わたしの周りでは日常会話のなかで前言を翻したり、ひとつの言葉を転がして、いわゆる「言葉遊び」をするなどというのは当たり前のことだった。わたしは自分の世界の言葉で気軽に話しかけたつもりだった。それを、彼女たちひとりひとりが真剣に受けとめていたのである。

キクエはこういう現実的ではない質問には、はっきりとした返答をしない。それでもはにかみながら、自分は目明きの普通の娘になり、自分たちの唄を聴いてくれた人たちのところに行って、この目で見てみたい、といった。

弱視で手引きとして杉本家にやって来たコトミは、その反応が少しばかり違った。なにを聞いても、「わたしは……、なんも……」というばかりである。

東頸城郡の牧村から、二度も家出をしてまで杉本家に来たという過去がある。瞽女になりたい、という強烈な願望が、今、五〇余年という悲願のときを経て、シズの隣に控えるように座っている。そのコトミの黙秘は、明らかに来世でも瞽女になりたいという表情なのだとわたしは思った。

わたしの質問に、シズだけは違った反応を示した。全盲の彼岸は目明き、という一方的なわたしの思い込みに対して、それだけでは十分に満足しないなにかがあった。「目明きの普通の娘」だけでは十分ではない不透明な部分……。それはシズ本人にも分かり切ってはいない、沈殿物を攪拌してしまったあとの濁りにも似た状況に接して、わたしは言葉を失いかけていた。

シズの心が見えてこない。
六〇年に近い闇と、瞽女という、わたしなどからみれば特殊な世界を内包してきたシズなのだ。わずか数年の、それも漂泊者のごとく触れ合った邂逅のなかで、シズの心底を見抜く力も術もわたしが持ち合わせているはずもなかった。

――もういい、このままでいい。いや、このままに、そっとしておいてくれんかね。お客さんなんて、こんでもいいよ。このまま静かに生命の余りを送りたい。誰にも邪魔されたくないよ。村の人にも十分唄聴いてもらった。東頸城の山奥から西頸城の浜辺の村、遠くは信州馬流《まながし》あたりまで商売して歩いたんだもの。疲れたよ。わたしら、みなさんがたに、するだけのことはしたんだから……、あとは気ままにやれたらいいと思っている。わたしら、もう、旅に出る気ないよ。他人《ひと》さんに呼ばれたって、もう、座敷つとめる気、ないよ。何十年と他人さんのためにやって来たんだもの、残りぐらい気ままにやらせてもらっても、罰、当たらんと思うんだ――。

沈黙をつづけていたシズは、心のなかでこのように叫んでいたような気がした。積極的に話に加わろうとはしなかった。その態度は、手引きのコトミ以上に曖昧で不鮮明なものだった。

「シズはなにかを隠している」

わたしは確信した。

「鳥なんかどうなの、シーちゃん……」

「鳥」といったのは、そのとき特別な意味があったわけではない。どうせ言葉遊びにすぎないのなら、来世で必ずしも人間に生まれてくる必要もなく、自由に空を飛べる鳥、という突拍子もないものを提示することで、シズの心のなかに蟠《わだかま》っている「なにか」に刺激を与えられると思ったまでだ。

わずかな間だけなのだが、その話を避ける空気が支配していた。意識的に触れないようにする「なにか」があった。それは間違いなくキクエから発せられていた。

その空気に抗うようにシズは突然、鳥になってもいいと、断言するような強い口調でい い切ったのである。

「ああ、鳥なんて嫌だな、いつも外で暮らしていなきゃならんなんて、さ……」

シズに聞いているにもかかわらず、右隣からシズの返答を遮るようにしてキクエが入り込んできた。

ところが、キクエの言葉に対してシズは意外な反応を見せたのである。

「でも、鳥になれば外で暮らせるって。仲間いるもの。別にせつないなんて思わんよ。自由に空、飛べるんだもの……」

その瞬間、キクエが嫌な顔をしたのをわたしは見逃さなかった。シズの〝真顔〟とキクエの〝嫌な顔〟との間に特別な「なにか」があるのを感じた。

わたしは相手の話を聞く場合に、いつも補助的な意味でテープレコーダーを回しっぱなしにする。いつだったか、次のような会話が収録されていたことがあった。

「今度生まれてきたら、あんたのお嫁さんになるかね」

「シーちゃん、ほんと、そりゃいいね」

「でも、男性のほうが少し年上でないとだめだね」

「そんなことないよ。年上の女房ってのが流行っているよ」

「でも、二五も離れていればさ……」

みんなの笑い声が聞こえた。

今、この部分を思い返してみることで、シズがあるとき、逆に「鳥」ではなく、普通の目明きの娘に生まれ変わりたい、と本気で望んでいた時期があったことを示してはいないか……。

「でもね、鳥だって悩みってもんあるんじゃないの」

わたしの言葉にキクエがすぐに反応した。

「あんまりないと思うよ、人間と違って……」

シズは流れる汗を拭おうともせず、キクエのほうではなく、わたしの顔を見て言葉を返した。

暑い日には、水ではなく熱い茶を飲んだほうがあとで涼しくなる、とすすめてくれるコトミの朝茶を無理に流し込んだ。朝茶というのは、瞽女仲間の禁忌のひとつで、奇数を嫌い、偶数を好む習俗上のセレモニーのようなものである。

「一服三服わしゃ知らん、二服四服に福がくる」という諺がある。奇数杯しか飲まなかったひとりの武士が、七里の道を取って返してもう一杯茶を飲んだことで打ち首を免れたという逸話にもとづいており、偶数杯朝茶を飲むと、その日の難から逃れることができると固く信じられてきた。

わたしは首筋の汗を拭き取り、左手で団扇を取るとシズにだけ風を送った。

「でもな、シズコ、おまん、こんなこと知っているか。ある国で鶯がいい声で鳴いていたので、旦那がそれを捕まえて籠に入れてさ、どうだおまん、おれんとこ来てしあわせだろう。ほかの鶯は外にいてなにももらえないんだ。そういったって。そしたらその晩、その旦那夢を見たんだよ。わたしは飼われたといっても、籠に入れられて、少しもありがたくない、ってさ、その鶯そういうんだって……」

キクエがシズの気持ちに水を差すようにいった。しかし、シズはその言葉に耳を傾けようとはしなかった。

「でも、やっぱり、鳥って、好きなところに飛んでいけるもの……。気楽だもん……」

シズは右手に握った手拭いを握りしめ、顔をやや上向きにして、わたしのほうを見た。

「なにが気楽なもんか。シズコ、よく聞きなよ。これも昔の話なんだけど、鶯が一羽もいない国があったんだってさ、捕まえられるのが嫌で、みんなよその国へ逃げちゃったんだよ。ね、そんな小鳥でさえもそんな思いしるんだから。人間のほうがもっといろいろなことがあるんだよ。そうでしょう」

キクエはシズともわたしともなく問う。

そう、人間のほうが、鳥なんかよりももっといろんなことがある。いろんなことがあって、ありすぎて……、だから……。

「そうだね、鳥だって、捕まえられて、一度人間に飼われてしまうと、たとえ籠から出されても仲間んところに戻れないっていうよ……」

自由になりたいといっていたシズが、今度はキクエの話にまともに反応した。少し澱んだ空気がまた動いたような気がした。

「そうだよ、『葛の葉』のように、人間と一度契りを交わした狐は、二度と狐の仲間には入れてもらえんのだわ。そうでしょう。どの世界だって、ちゃんと規則ってもんがあるんだから」

〝規則〟という言葉にシズの顔が動いた。わたしにはその〝動き〟が読めたような気がした。このときキクエとシズ、コトミとの間には、紛れもなく共通した意識が通い合っていた。

〝規則〟――、鳥の世界にもある規則は、シズたち高田瞽女にも「掟」として生きつづけていた。「掟」を破ることは罪を問われる。もっとも重い罪は「座」からの追放だった。さまざまな掟破りがあったが、その大半は、男をつくって逃げることだった。男に捨てられても再び高田瞽女に戻ることができた。しかし、相応の罰が課せられた。

瞽女の世界では、女であり、明確に女であることを売りものにしていながら、一方で、女であることを捨てさせられた。相反する矛盾のなかに瞽女個人を置くように命じた。多くの瞽女に、ふたつの間を振り子のように行き来しながら生きることを強いたのだ。「掟」をまもり「座」をまもることが、結局は自分たちがもまもられる最良の方法であることを知り尽くしていた。キクエ、シズ、コトミは、だから女を捨てた、はずだった――。

三、シズに白鳥になることをすすめたわたし

わたしはシズに鳥になることをすすめた。身体が大きく、目鼻立ちの整ったシズには白鳥がいいといった。あえて理由づけは避けた。そこにいるキクエもコトミも女である。心のどこかに燃え尽きることのない嫉妬心が隠されていると思ったからだ。

初めてみんなが笑った。笑うとキクエの両の頬がくぼんで小さなえくぼができた。かわいいと思った。シズは口許に白い歯を見せ、コトミは身をかがめながら左手で口を押さえて笑い声を殺した。

「寒くなると北のほうから飛んでくるっていう鳥でしょう。水原にもよく来るって聞いたことあるよ。茶殻食べさしたりしてさ……」

「そう。よく知っているね、シーちゃん。どう、白鳥がいいよ。真っ白な鳥だよ」

隣室の柱に掛けられている柱時計がゆっくりと一回打った。相変わらず開け放たれた北側の三和土の扉からは風はない。汗が腋の下や背筋を通っていく。思い出したようにあおぐ団扇も鳥の羽音のようにむなしく、まるで動こうともしない空気のなかでは気休めでしかなかった。コトミはしきりに茶をすすめる。

「あんた、白鳥って、真っ白なの……」

シズの声の調子が少しばかり変わった。声高になったというのではない。強いていえば、艶のある声だ。

「そうだよ、真っ白だよ、ウソじゃないよ。雪のように真っ白なんだよ」

シズの心が動き出した、と思った瞬間には、再びいつもの曖昧な顔に戻っていた。もしかしたら、シズは自分の心の底に隠された核《コア》のようなものを他人に知られることが恐ろしかったのではないのか……。どちらにしろシズにとってこの質問はよけいなことだったに違いなかった。


わたしから見るシズは、自分の意志で生きているようには感じなかった。これまでシズは自分の意見らしい意見を口にしたことがない。これはなにもシズが建前でしかものをいわないということではない。本音を吐いているにもかかわらず、その実、その意見や気持ちは、見事にキクエのそれであった。

「座元」であり「親方」であり、「母親」であるキクエが、すべてにわたって絶対的な力を持っていた。キクエの意見に真正面から異議を唱えるような場面に出会ったことがない。それは、あえて自分の意見を差し挟むことを避けてきたからだろうか。

そうではないだろう。数え七歳で杉本家に入ったその日から、瞽女としての生活のリズムを繰り返し叩き込まれてきた。それは芸や旅先での躾や、男から身をまもる術だけではない。同時に晴眼者の世界とはまったく異にする瞽女の世界にある思想そのものを、肌を通し、血肉として体内を駆け巡らせてきた。「座」に対し、「親方」に対して首を縦に振りつづけることで自分自身もまもられることを無意識の意識として知り尽くしていたシズやコトミにとって、キクエは生きている「掟」そのものだった。

コトミが常にわたしやキクエ、シズとの話に加わろうとしなかったのも、シズの座る場所より必ず半歩退いて座るのも、いってしまえばその「掟」に従ったまでだ。

瞽女というのは必ずしも盲女だけの集団を指すのではない。目明きの普通の娘も瞽女として預けられた。貧しい農家にあって食い扶持を減らすためである。弱視も同様に手引きとして預けられた。「瞽女になるか按摩になるか」と限られた選択肢のなかから瞽女を選択したのだ。

手引きは旅の先達や日常生活のこまごました仕事を受け持つ。身体のどこにも異常のないその娘たちは、その気になれば自由に「座」を離れることができた。盲女の「はなれ」たちとは違い、日常生活に支障をきたすわけでもない彼女たちは、比較的自由に相手を選ぶこともできたし、なかには幸せな結婚生活を約束される者もいた。

この「掟」の根底に横たわるものは、彼女たちに女であることを捨てさせると同時に、異次元の生きものである晴眼者の世界と混じることを決定的に拒んだことだ。瞽女の世界と晴眼者の世界と、明らかに一線を画することでしか生きる道がないことを「掟」みずからが立証していた。

しかし、もともと晴眼者である手引きたちは、いつでも普通の世界に戻ることが可能だった。その世界に戻れば、二度と瞽女の世界に足を踏み入れることはなかった。そのことはもっとも恐れた員数の減少につながる。

瞽女の世界では健常者ではなく、盲目である瞽女を最高位に置く。必然的に晴眼者や弱視は、盲女である瞽女より下に置かれる。そのために瞽女にとってもっとも重要な修行年数を、晴眼者や弱視には修行の一年を一年と認めず、同期の瞽女より常に二、三年のハンディを背負わせた。そのため、手引きとして預けられてきた晴眼者の多くが瞽女の世界から出ていくということが多発し、このことが急速に、瞽女の世界を縮小に追い込んでいく原因のひとつと考えられた。

弱視である手引きのコトミが会話に加わらないのも、キクエやシズに高飛車に叱られるのも、シズと同じ場所に座らないのも、たとえ三人だけになってしまったとはいえ、その「掟」が未だにここでは生きつづけているからなのだ。

わたしはシズのなかに、こうした枠組みに縛りつけられた瞽女特有の体臭を感じ取っていた。一度でいいから、シズの心のなかを覗いてみたいという気持ちを抑えることができなくなってきていた。

だから、来世のように、もはや「掟」に縛られる必要のない世界では、初めて自分の心底からの気持ちを吐くことができるのではないか……。

しかしその一方的なわたしの思い込みも、シズに関していえば、必ずしも的を射ているとはいえなかった。なにしろ六〇年近くもこの世界にどっぷり浸かっていたのである。自分の頭で考え、行動に移すという習慣が明らかに欠落していた。

シズが話をしない、というわけではない。キクエの話を奪い取ることもあり、喋りすぎの感じさえすることもあった。しかし、話の基調そのものは、やはりキクエのそれと少しも異にすることはなかった。わたしがシズを誘っても、シズは渋りつづけた。コトミには笑ってごまかされた。ただキクエだけは、いつも自分の意見を明確に述べた。できたのである。

そのシズが、今、初めて自分の言葉で話そうとしているのだ。話そうにも、それをどう表現していいのか分からない。一種の戸惑いが、曖昧な、どこか煮え切らない態度となって表れたのではないか。だからわたしは「鳥」という助け舟を出したのだ。

シズはキクエの言葉を借りてしか判断できなかったという事実があるにしろ、「なにかを知りたい」という欲求をも喪失してしまったとは考えられない。まったく異質の力でシズの心に刺激を与えることで、シズ自身にも予期しない反応が現れてくる。シズの意識下にあるはずの本能的な生理がシズを変えるはずだ。

シズにとって、白鳥になりたいという事実は、目明きの普通の人間に生まれ変わりたいということと明らかに違っているはずなのに、シズのなかではこの瞬間、鳥でも人間でもその区別はどうでもよかったのではないか……。

人間なら飛べないが鳥ならどこまででも飛べる。あの大空を自由に、自分の意のままに飛ぶことができる。鳥の世界にも「掟」というのがあって、それなりに規則をまもらなければならないことを知っている。しかし、間違いなく大空を飛んでいる鳥たちが、シズの心の目には、「自由の象徴」として映ったとしても、それは当然といえた。

人間はさまざまな顔を持っている。少なくとも容姿において美醜が生来のものであるとしたなら、純白の羽毛で覆われ、その優美さを衆目によって絶賛される白鳥。シズにとってこの瞬間、白鳥になることは彼岸であった。

四、生まれつき盲目のシズの思い

気まずい空気が流れはじめていた。コトミはそれを察してシズの隣からそっと立ち上がると、やかんを両の手で持ち、ゆっくりと上がり框から三和土に下りた。そのまま北側にある台所で水道の水を汲み、再び板の間に据えつけられたガステーブルのスイッチを捻り、その上にやかんをのせた。

シズの心底に蟠っているドロッとしたものを取り除いてやろう、自分の声で話してもらおうと思ってわたしが仕向けた「鳥」という言葉に対し、シズが、「真っ白できれい」であり、「空を自由に飛べ」る、「白鳥」になりたいといったのだ。

ところがシズにとって、「白」という色も、「きれいな」という形容詞も、「飛ぶ」という動詞も、ましてや「白鳥」という名詞も、自分の目で見たこともなければ、触れたことも、嗅いだこともない……。

数え六歳で麻疹を誤診され失明したキクエには、間違いなく見えていた時期があった。げんぼしの青い葉、椿の赤い花、桜の薄桃色も、空の碧さも、両親の肌色も、形も触れることで今でも鮮明に蘇る。鳥が空を飛ぶというイメージだって理解している。少なくともわたしと共通した感覚を持ちえた一瞬があった。

弱視のコトミは、先祖が鉄砲撃ちだったため、その祟りで弱視として生を得たと信じて疑わない。その目は三〇センチメートルまで近づかなければ色も形も認識できない。コトミが手引きをつとめられるのも、ひとつは盲女の旅がゆっくりとした歩行であることと、慣れだろう。

生まれつき盲目だったシズにとって、身近に触れることのできるもの以外は、その形も、匂いも、味も、肌触りも、指と鼻で感じることは不可能だった。

それを唯一自分なりに解釈できたのは、耳から入る情報だった。目明きの瞽女や村人が話すことに耳を傾けるだけでよかった。ラジオのスイッチを捻るだけでシズの知らない世界を知ることができた。

飛行機や鳥は空を飛び、雪や雲の色は白く、信州を流れる千曲川は、ゴーゴーと音を立てて流れ、月のものが深紅であることをシズは知っている。

しかし、飛行機や鳥がどのような格好で空を飛んでいるのかを知らない。雪は冷たいということを知ってはいるが、「白い」がどのような色なのか知らない。千曲川の濁流音は聞いて知っていても、場所によっては逆白波を立てながら流れている千曲川を知らない。月のものがおこしを汚すことは知っているが、深紅という色を知らない。

知らなくてもよかった。知らない話が出てきたら、黙って聞いていればよかったから、正直、なにひとつ不自由なことはなかった。

晴眼者が色や形や動作をいちいち確かめ合って話をする必要がないように、生来の盲女でありつづけたシズにとっても、「白」は美しい色であり、大空は広く、自由で、きれいに澄んでいる。これだけで十分だった。シズには「美しい」＝「汚い」、「優しい」＝「優しくない」、「よい」＝「悪い」という感性の部分での判断で十分だった。

五感の揃ったわたしが目にしたものと、シズが心のなかで思い描いたものが、たとえ同じものでなくとも互いの意思は十分に通い合えるものなのだ。

視覚を失った瞽女たちは、残された四つの感覚を生かし切ることで、「見よう」と努力した。身近にあるものはできるかぎり手で触れ、匂いを嗅いでその存在を確認しようとした。三味線のツボも、幾度となく稽古を重ねることで自然にツボに指がいくようになった。食べ終わっても、シズたちは必ず茶碗のなかを指でなぞって、飯粒が残されていないかを確かめてから食事を終えた。その様子を見た村人たちは、「さすがに米を大切になさる人たちだ。目明きのわたしたちより行儀がいい」といって称賛した。茄子の漬け物の濃紺色を見ることはできなくとも、味覚とともに形も識別した。

信州への夏旅に出ると、キクエは「信州の匂いは越後のとはどうしてこうも違うものなのか」といった。越後よりも山が高く、その分、空気が澄んでいるからだという。四季を感じるにも単に時間の経過だけではなく、庭や野に咲く花、風にざわめく木の葉の音、大気の匂いを嗅ぎ、肌で風の動きや冷たさを確かめて季節を知った。

聴覚は瞽女にとって最大の武器だった。語りものと称する一段約三〇分かかる「段もの」も、キクエの場合には実に五〇段以上、さらに一五分ほどの「口説き」、それに民謡や流行り唄などを数え切れないほど諳《そら》んじていた。この抜群の記憶力も、逆に、光を失ってしまったというハンディキャップからくるもので、これに天性の「のど」と、三味線の「勘」と「技」が加味されればこの世界で恐れるものはなにもない。

目の見えない人がピアノやバイオリン、三味線などの楽器を演奏するのは困難を極め、才能のない人にはほとんど無理だということを耳にする。だが、クラシックの演奏家には盲目のプレーヤーが数多く存在する。和楽器だって宮城道雄を筆頭に、かつて存在していた検校《けんぎょう》は全員盲目であり琴や胡弓などの名人だった。

「目明きは可哀そうだ。楽器を覚えるときに、目明きの人は目で覚えるだろう。わたしらのように目が見えない人は勘で覚える。まあ、心の目で覚える。そのほうが覚えんの早いんだよ。目が見えて可哀そうだね」

キクエにいわれたことがある。

瞽女たちがもっとも恐れたことのひとつが、自分が今どこにいるのか、という相手との位置〈距離〉がはっきりしないとき、相手が何者か読めないときである。面白いことに、瞽女としてもらわれてきた〈正確には、預けられた〉子どもたちが、最初に体験する試練は家の広さでも、見たこともない先輩たちでもない。実は銭湯だった。瞽女の家には風呂がない。銭湯を利用することになるのだが、ガランとした広い浴室もさることながら、足の届かない、キクエの言葉を借りれば、「海のような」浴槽で、そのうえ桶のぶつかり合う音や話し声が木霊《こだま》して、それこそ気を失わんばかりに動転したという。

キクエも、シズも、コトミも夢を見る。しかし、キクエやコトミが見る夢には色がつくが、シズのそれには色がつかない。

「色なんて、見たことないもん……」

モノクロの世界がカラーよりも味気ないとか劣っているとかの問題ではなく、色をまったく持たないシズがわたしや色を知っているキクエやコトミと、遜色なく話し合えるという事実のほうが驚異だ。

シズは若い頃、よく西頸城の谷浜や能生谷を旅している夢を見た。先頭を行くのはコトミで、次がキクエ、最後にシズ。それぞれが前にいる人の荷物に手をかけ、まるでムカデ競走のようにゆっくりとした歩調で進んだ。海の波音も風のそよぎも、木々の枝が軋む音も、枝移りする小鳥の鳴き声も聞こえた、ということを、かつて時間をかけて話してくれたことがあった。そこにはうまく口で説明できないもどかしさがあった。やがて、

「……おりゃ、そんな夢、見たかどうか……、知らん……」

といったまま口をつぐんだ。

今、シズは夢を見ない。見たいと思っても見ることがない。わたしは「なんで……」と聞いたが、「なんも、知らん……」といったまま、はにかんだような笑い顔を返してきた。

キクエの見る夢の色――原色

コトミの見る夢の色――乳白色

シズの見る夢の色――……

五、同年、冬に再訪する

昭和五三年一二月にあらためて高田を訪れた。

上野駅発二三時五三分、急行「妙高九号」直江津行きは、翌午前四時五一分に長野駅に

到着する。ここからは各駅停車になり、黒姫、妙高高原駅を過ぎた頃からスキー客もいなくなり、空席が目立ちはじめる。わたしはふたり掛けの座席に倒れ込むようにして横になった。

わたしはまどろんでいた。目をつむり眠ろうと努力したが、頭の芯だけは不思議に冴えていた。

夏のあの日から四か月余り、心のどこかに引っかかっていたものが消えずにいた。

「わたしは白鳥になりたい……」

あの日、シズのこのひとことで、真夏の動こうとしない杉本家の部屋の暑い空気とは真逆に、揺れに揺れた。

七時四分、高田駅到着。今年は降雪量が少なく、雪に煙る高田市内といういつものイメージからはほど遠い。駅南側に広がる寺町に建つ伽藍の屋根、杉の木々につく雪片もほとんどない。

キクエやシズたちは元気だった。いつものシズの姿を見て、ほっと胸を撫でた。

冬場の奥の茶の間には炬燵が据えられる。掘り炬燵ではない。市販の電気炬燵に布団をかけただけである。夜になれば三人がこれに足を入れて寝る。

積雪が多ければ唯一の採光窓である北側のすりガラスからは、雪の反射光すら差し込んではこない。客がいなければ裸電球をともすこともしないわけで、わたしからすれば、その、闇とも薄明かりともつかぬ部屋のなかで蠢く三人の瞽女たちの日常生活を想像することは不可能だ。

ただし、このなかで生活する三人は、それを不自由とは考えないだろう。この家のなかのことは隅から隅まで知り尽くしており、畳のどの縁《へり》をなん歩進めば目的地にたどり着けるか知っている。ここにいるかぎり、自分たちを「盲女」と意識することはほとんどなかったはずだ。

この半年の間にわたしのほうに大きな変化が生じていた。惣領（長男）としての立場が東京での生活を不可能にし、故郷山形にわたしを返した。シズの心のなかに一瞬の変化が生じたように、それとは異質な変化がわたしにも起きていた。それは避けて通れない流れにすぎなかった。

挨拶もそこそこに、わたしは簞笥を背にした定位置に座り、両足を炬燵に潜り込ませた。室内の暖房は炬燵だけの家のなかでは、身を屈めて潜り込む温もりがすべてだった。それだけに冷えた身体には掛け替えのない暖かさだった。

キクエもシズもわたしと同じような格好で潜り込む。わたしの冷えた手は、徐々に温もりはじめる。コトミは素早く立ち上がると、ポットの湯を急須に注ぎ込む。いつも、何十回となく訪れても、まるで台本に書かれてある筋書きそのままに進む。

コトミが朝茶の最初の一杯を三人に出し、シズにいわれて裂き烏賊を戸棚から取り出しわたしの前に置くと、シズとはやはり半歩退いた位置に座りかけたとき、この家のすべてが、実は少しも変わらない時を刻んでいることを再認識した。

今回はたまたま立ち寄った旅であったが、山形へ帰郷することの報告を兼ねた旅でもあった。話はいつも取り留めのない流れになった。

飛行機に乗りたいか、という話になった。シズたちは地に足のつかない乗りものに乗る人の気が知れない、といった。飛行機に乗って外国へ行っても、言葉も分からなければ、食いものも口に合わない、だから外国へは行きたくないともいった。

「食べものなら、醬油、ご飯に味噌汁を持っていけばいい。今なら、隣の家に行くように気軽に外国へ行けるようになったんだよ」

「でも、今はなんもやりたくない」

シズが厚手の綿入れを着込み、背中を丸くして両手から肩あたりまで炬燵に突っ込み、首だけを無造作に向けながらいった。首にはいつものように手拭いが巻きつけられている。

「そんな……、なんにもないの……」

美味しいもの食べたいとか、好きな浪曲をたっぷり聴くとか……、いい着物を着てみたいとか……、わたしはそう思った。

「ないよ。このまま死んでもいいよ」

六、わたしを養子にしたかった

瞽女以外の仕事をしたことのない人間が、さまざまなことをしてみたいとは思わない。第一、覚えがない、知らない、という。

「そんなら、温泉くらいならいいだろうに。炬燵入って、蜜柑食べて……さ」

右手に座るキクエが助け舟を出した。

キクエが温泉といったのは島道鉱泉のことだ。西頸城の能生川に沿って、大沢という部落から能生川の支流を遡ると島道の部落に出る。鉱泉はそこからさらに奥に入った鉾ヶ岳の山麓にある。キクエたちの早春の旅には必ずたった一軒の鉱泉宿に宿泊した。シズはこの鉱泉宿が大好きだった。

わたしは帰郷の話をいつ切り出すべきか、その機会をうかがっていた。それはいつでもよかった。ただ、生活の場が変わるというだけでキクエは悲しむのだ。三年ほど前、出版社を辞してフリーとしての生活に入ったときにもキクエはひどく狼狽し嘆き悲しんだ。食べていかれるのか、このことだけを繰り返し聞かれた。

瞽女は状況の変化をひどく嫌う。単に生活の場が東京から山形に変わるだけとはいえ、生活の場の変化そのものが問題視された。

二杯目の朝茶を飲み干してから帰郷することを手短に話した。

そのとき、部屋の空気が明らかに変わっていくのが分かった。コトミが空になったわたしの湯呑を見たのか、立ち上がると隣の部屋に行き、ゆっくりとポットから急須に湯を注いだ。わたしはそんなコトミの後ろ姿をぼんやりと目で追いつづけた。

「おまん、東京はどうしんなか……」

シズがいきなり先ほどの声とは違う調子で、つぶったままの目を少し開き加減にしながらわたしを見据えるようにして話した。目の周りの赤みの色が今日はとくに赤い気がした。

コトミは三杯目の茶をわたしの前に置くと、シズの隣に座った。わたしのほうから見ると、シズのさらに向こうに無表情なコトミの目がもうひとつある。弱視のその目は、あるいは狼狽したわたしの姿を捉えているのかもしれない。

東京のアパートはそのまま借りて、生活の場だけを山形に移すことになる。仕事はどうしても東京が中心となるので、山形と東京を行き来することになると話した。

シズはなにもいわなかった。いつもは場の空気を変えるために口を差し挟むキクエも黙したままだ。わたしはどうしていいのか分からなかった。気まずい空気が流れた。

それを一方的に破ったのはやはりシズだった。それも度肝を抜くようにストレートに切り出した。

「おまん、嫁さん連れて帰るんだろう。結婚しるんだ……」

右手に持った手拭いで、しきりに目の周りをこすりつける。語気が強く、比較的ゆっくりなのは、自分にいい聞かせているからに違いない。

「シズコ、いい加減にしないか！」

キクエが左手を炬燵板の上に出し、シズの言葉を遮った。キクエの湯呑に手が触れて茶が少しこぼれた。コトミが素早く立ち上がると、台布巾を取りに隣の部屋に退いた。

部屋の静けさがさらに増したような気がした。コトミの畳を踏む音、柱時計の振り子の音が頭に突き刺さるように響いている。窓外の、降りはじめた雪がさらさらと音を立てた。

「なあ、あんた……」

キクエが穏やかな口調で話しはじめたとき、わたしはなぜかほっとした気がした。

「このことはその日が来るまでいうまいと思っていたんだけど、とうとうその日が来てしまった。いや、おまんが田舎に帰るというのは長男として当たり前のことだよ」

このこと……、その日……、真意を測りかね、見当もつかぬまま、ひたすらキクエの口許を見つめつづけた。キクエは、わたしにいい聞かせながら、同時にシズに対してもなにかを牽制するようないいかただった。

もしかして、シズがわたしになにかをいいたかったのではないだろうか。

わたしはシズのほうを見た。三味線の稽古と重い荷物を背負うため、丸くなった背中をさらに丸くして目を伏せている。この重苦しい雰囲気にシズが関係しているのは明らかだった。

「養子にね……」

「養子？　誰を……」

「おまんを、だよ……」

わたしを……、養子に……、ここへ……、杉本家へ……、なんのために……、長男であるわたしが養子にいけるわけがない。ましてや、今、故郷へ帰らなければいけないことを告げたばかりではないのか。わたしの頭のなかで、捕まえどころのない物体が、突然回りはじめた。かなり混乱した頭を無理に整理しながら、キクエの顔を覗いた。

「そんなことは分かっているよ。おまんが長男で、ほかに男の兄弟がいないってことぐらい。驚かして悪かった。これはね、わたしらの希望だったんだよ。信じられないだろうが、これは嘘でなく、ほんとうの話なんだよ」

頭のなかにある物体が膨らみはじめた。

「おまんがここに来たのは、昭和四六年の一月だった。あの日は、今日のような天気じゃなくて、大雪が降ったあとのとても天気のいい日だった気がしる。あの頃は毎日のようにわたしらを訪ねてくださるかたがいて、冬場でものんびりしることなんてできんかった。みなさん、それぞれ一生懸命だった。人様はみなそれぞれで、なかにはわたしらの唄さんざん聴いていったのに、お礼を置いていくどころか、その後もなんも手紙よこさん人も大勢いた。そんな人とはそれっきりさね」

メモ用のカセットテープが回りつづけている。

「斎藤さん（画家 斎藤真一）がわたしらを紹介しなさると、わたしら東京だ、新潟だってさんざん引っ張り回されてしまった。わたしらとしれば、唄うたって金もらえるなら、どこへ行っても構わんよ。その上がりだって決してよくなかったわな。正直いうとそんなとこ行きたくなかった。別にわたしらの唄、東京の人に聴いてもらいたいとは思わんし、このあたりの人だけで十分仕事になった。そのうちわたしが腰やられちゃってからは、外にも出られんようになり、遠いところでの仕事はみんな断ってしまったんだよ」

今日のキクエは驚くほど饒舌だった。ここまで話すと、冷え切った茶をひと口飲んだ。シズもコトミも背中を丸めた初めからの姿勢そのままに、キクエの話に聞き入った。わたしも釣られたように四服目を口にした。

「それなのに、だよ。それなのに、おまんだけはなんのかんのいって、わたしらんとこに来なさるでしょう。そりゃ、どんな人でもいつの間にか情ってもんが移るわね。シズコなんか、おまんのこと、優しい人だってよくいっていたし、わたしらだってそう思ったことあんのだよ」


五服目の催促にコトミが盆を差し出し、わたしは黙ってその上に茶碗をのせた。

わたしのことを優しいといってくれるのはありがたいことだと思う。しかし、わたしは意識的に優しくした覚えはない。確かに訪ねるたびになにがしかの手土産を持参した。初めの頃は東京で買い求めたが、それはキクエたちの口に合わなかったらしい。あとになってから、高田の貝沼という菓子店で和菓子を包んでもらった。結局はそれがもっとも喜ばれた。それに、たまに鬢付け油を持っていくくらいだ。

それ以外といえば、瞽女唄の収録時に必ずだがわずかなお金を包んで差し出したにすぎない。唄をうたって商売する瞽女に対する、わたしにすれば当然のことなのだ。

ただ、違っているとすれば、高田に足を運んだ回数がほかの人より多かったということだろう。その分、話し相手になる時間も増えたことになる。そのことは逆にわたしの気休めにもなった。

わたしはぼんやりと壁にある賞状を目にしていた。そこには、「瞽女唄の貴重な伝承者としてその記録保存に尽くした。まことに業務に精励し、衆民の模範であるによって褒賞受賞を賜ってその善行を表彰せられた／昭和四十八年十一月七日　内閣総理大臣／田中角栄／総理府賞勲局長／吉原一真／第八一五八号」と書かれてある。「記録保存に尽くし……、業務に精励し、衆民の模範」だと、冗談じゃない。キクエたちはそんなことのために瞽女唄をうたいつづけてきたわけじゃない。すべてが商売、生きるためにひたすら瞽女唄をうたいつづけてきたんだ。

キクエにとって、これは商売のための芸だ。だから、自分がみずから聴き手と同じ立場に立つことは決して許されるはずがない。必ず一歩聴き手より下がり、常に聴き手と一線を画して、冷静に聴き手の動きを見定めなくてはならない。三味線を弾き、唄をうたっている間は、盲女のキクエたちが、目明きの人たちよりも、数段上に位置し、そのときだけがかろうじて許される勝利する瞬間なのだ、ということを知っている。

キクエの三味線さばきとうたいかたで、聴くほうは泣きも笑いもした。それを百も承知で聴くほうも泣き、笑った。演ずる瞽女たちが、実は聴き手そのものの気持ちを担う。この担う、担われる、という関係のうえに成り立っていることを、両者とも知り尽くしている。すべて商売のためである。「芸」で晴眼者を自在に操ることは、キクエたち瞽女にとってごく自然の営みだった。

心のなかでそう思いながら五服目の茶を口に含み、頭はシズとのかつて交わした会話を思い出していた。


「おまん、わたしをお嫁さんにしてくんないかね」

「そうでなかったらさ、おまんをわたしの養子にしてさ、わたし東京におまんと一緒に住むのよ。そんでおまんが嫁もらってさ、三人で一緒に……」

確かに東京のアパートにシズが来たい、といったことがある。シーちゃん、瞽女どうするの、とわたしが聞いたらただ黙って笑っていたことがあった。実際には、母親であるキクエを捨てることもできないし、瞽女の座を捨てることなどできるはずがない。それはもっとも恐れていた「はなれ」になることだ。

もしかしたら、シズにとっての来世への夢ではなく、現世への正夢ではなかったのか……。白鳥になりたいといっておきながら、その実、片方では正夢を念じつづけていたのだ。だから、正夢を否定されたとき、シズは瞽女の「座元」であるキクエに激しく抵抗してまで白鳥になりたいといいつづけたのだ。

すべてが笑って過ごせた時代があった。わたしも笑ったし、シズも笑った。冗談だと思った。だからわたしはすぐに忘れた。

「シズコがね、おまんをどうしても養子に欲しいっていいはったときがあってね。どうしてもそうしたいのならわたしは反対はしない。むしろこれからはそのほうがいいのかもしれない、と思ったりもしたんだよ。ところがおまんが長男であることが分かってさね、シズコはがっかりしてしまった。そうでしょう、長男もらうわけにはいかんよ。シズコにそういい聞かしたんだけも、なかなか分かってくんなかった……」

キクエが回想するように口を開いた。

ゆっくりと頭のなかでそれを反芻していた。シズはといえばしきりに手拭いで目のあたりをこすりながら下を向いたままだ。

わたしは次のようにいった。

「すると、もしも、わたしが長男でなかったなら、ここで一緒に生活を……」

「そうだよ、ここの家の人になるんだよ」

「ここの家の人って……」

「わたしの息子になるんだよ」

とキクエが返事をした。

「息子？　ここに住むわけ……」

「そうだよ、ここに住んで、ここから東京に仕事に行けばいい」

養子……、息子……、長男……、同居……、これらの文字が頭のなかを駆け巡る。気の遠くなりそうな自分に必死に耐えつづけた。

七、あれから三年の歳月が流れ

昭和五七年四月。わたしはキクエたちと瞽女三部作の最後の仕事をするため、高田や近在の村々、キクエやカツの面影を求めて北陸の都市を彷徨っていた。

春の真っただなか、もっともいい季節なのに八〇歳を越したキクエの身体の状態はそれとは裏腹に調子を落としていった。歩行が極端に困難になっていた。用便はシズとコトミに両脇を支えられ、ようやくにして簡易トイレで済ますことができた。尿意を催すと、わたしは席を立ってその場を離れた。

徐々にではあるが、キクエの記憶が不鮮明になってきていた。会話がはっきりしない、というより成り立たないことが増えていった。過去を確かめる作業は不可能に近かった。かつて五〇段以上の「語りもの」、「口説き」も「萬歳」も「民謡」も「門付唄」も、すべて頭のなかから消し去られていた。

わたしの名前の大山を、「大川」「大西」「大蔵」はまだしも、まったく無関係の名前を口にすることが多くなった。おそらく、旅先で出会った人の面影で話していたのかもしれない。そんなときには適当に相槌を打つことで話はつながった。話が止まり、シズがそれを整理して前に進めようとするのだが、うまくいかない。そんなときシズは大きなため息をついた。杉本家の中心はキクエからシズに移行しはじめていた。三年前の「養子に欲しい」といい切った洒脱なキクエの姿を追い求めることは不可能になっていた。

わたしは三年前の昭和五四年五月に山形に帰郷していた。シズがかつて見抜いたように妻も一緒だった。家族を含めた新しい生活の形が整わないまま遮二無二走り出していた。

北陸本線は直江津から信越本線と名前を変えて新潟まで通じるようになった。わたしは高田から山形を目指していた。新潟から急行「あさひ四号」に乗り換えて羽越本線を走る。坂町から米沢方面に向かう米坂線に入ると、山形県の置賜の山並みを分け入るようにして列車は進んだ。越後片貝から玉川口、小国と進むにつれ窓外の景観が突然変わったように感じられるのは、平野部から深山へ分け入ったというより、終始目にし、頭にこびりついて離れなかった榛《はん》の木やトネリコの木のある風景が、いきなりかき消されたからにほかならない。

山形県の小国を過ぎた頃から眠ってしまったらしい。気がつくと今泉を発車しようとしていた。腰の痛みを覚えて身体を少しずらした。頭痛がしていた。風邪を引いたように身体がだるく、熱っぽく顔がほてった。

いきなり目だけが大きく、顔も手も真っ黒に日焼けした男が竹製の籠に弁当を入れて売りに来た。空腹感はあったが、その男の手から弁当を受け取る気にはなれなかった。斜め右隣の席から子どもが立ち上がると、背もたれにしがみつくようにしながら男を呼んだ。すかさず母親が頭をあげ、男から弁当を買い求めた。

母親と子どもがどの駅から乗り込んだのか記憶にない。わたしは見るともなく、ふたりの仕種を目で追い求めていた。特別に興味があったわけではない。それはどこにでもあるありふれた光景だった。

列車が米沢に向けて大きく右へ迂曲しはじめた。右側の窓から夕陽が鈍く差し込んできて、向かい合って座っている子どもの顔を浮かび上がらせた。子どもは笑いながら母親に買ってもらったばかりの弁当を早く開くように催促しているところだった。

それを見ながらなぜか「いいな」と思った。暗くなりかけた景色とは裏腹に室内灯が明るさを増してきたような気がした。わたしのどこか満たされない心も、少しずつなにものかによって埋められ、それにつれて素直な気持ちになっていく自分を感じていた。

そのときだった。突然わたしは小さな声をあげた。「養子に欲しい」といったキクエのこの言葉は、実はとてつもなく大きく、重く、そして深いものではなかったのか。

高田瞽女の「座」がもっとも恐れたことは、男と情を交わすことである。その厳禁を犯した多くの瞽女が「座」を追われ、「はなれ瞽女」となり、看取られることもなく死んでいった。戻ってきた瞽女も厳罰のなかで自らの居場所を失い、衆目の嘲笑のなかで逝った。「男は神様」といっておきながら、「座」の掟は、男の血が混じることを嫌忌《けんき》し膺懲《ようちょう》したのではなかったのか。

わたしという「男」が、杉本家の養子になるということは、とりもなおさず瞽女の世界にある「掟」に反する行為にほかならない。それも、高田瞽女最後の「座元」である杉本キクエみずから口を開いたのだ。

あのとき、キクエは高田瞽女としての杉本家に終焉を告げようとしていたのではなかったのか。杉本キクエも、五十嵐シズも、難波コトミも普通の女に戻ろうとしていたのではなかったのか……。

四人も子どもを産み、修行年数を削られながらも、ひたすら高田に舞い戻ってきた赤倉カツ。最後には過労で盲女となり、東京へ出奔し、数奇な運命をたどりながらも、初めてキクエの心中が分かったと叫んだ目明きで手引きのキノエ。「掟」をまもりつづけ、ひたすら聖少女でありつづけた高田瞽女最後の孤高の司祭杉本キクエ。

わたしはこのとき、三五〇余年もつづいた高田瞽女の世界が、音もなく、ゆっくりと崩れ落ちていくのが見えたような気がした。

この原稿を書いている五〇年後の今でも、「おまんを養子にしたい」といったキクエの真意を理解することができないでいる。キクエみずから「高田瞽女の座を幕引きする」と口にしたわけではない。ただ自分が逝ったあと、残されたふたりの瞽女だけで高田瞽女の「座」をまもりとおせるのかかなり懐疑的だったに違いない。

それは「甘やかして育ててしまった」というキクエの言葉に表されていると思う。瞽女としての躾にはかなり厳しかったものの、芸には確かに甘さが残されていた。シズもコトミも瞽女唄や三味線の演奏はうまいとはいえなかった。持ち唄もキクエのそれと比べれば遥かに少ない。「躾も芸も」と考えるならば、「養子事件」以前から、キクエは自分の代で杉本家をたたんでもいい、と思っていたと考えられる。

昭和五七年七月、高田中央病院に入院したキクエは、お見舞いに行ったわたしの手を取り、こういったのだ。

「シズコはおまんが好きだったんだよ。シズコを頼む」

シズコを頼むとはどういうことなのか、そこにどのような意図が込められていたのか……。あのときキクエは自分の死が近いことを覚悟していたのではないのか。「頼む」という、あまりにも単純な言葉の裏に秘められた複雑な意味に、今も戸惑うばかりだ。

あのとき、もしわたしが長男でなかったとしたら、「養子に」という申し出に対して首を縦に振っていただろうか。町家造りのあの家でキクエやシズたちと過ごした日々、そのすべてが幻だった。五〇年を経た今でも、このように思うことがある。

追記、高田瞽女のその後

昭和五八（一九八三）年三月三〇日、高田瞽女最後の司祭杉本キクエが亡くなった。享年八五。それから間もなくしてシズとコトミは、北蒲原郡黒川村（現胎内市）にある盲人専用老人ホーム「胎内やすらぎの家」に入所した。

翌五九年の春、わたしは妻と長男を連れてふたりを訪ねた。シズは大変喜んでわたしたちを迎えてくれた。しかし、わたしの手を握りしめながら口を突いて出てくるのは、「もう、なんもいらん。早くお母さんのところに行きたい」という言葉ばかり。お母さんとはもちろんキクエのことだ。

わたしはその前年に高田瞽女三部作を完結させたことで、杉本家とのケジメをつけ終えたと考えていた。三冊目『高田瞽女最後』のなかで、次のように結んでいる。

「わたしにとってこの旅は、キクエへの別離をこめた通夜と葬儀の旅であるにもかかわらず、もうひとつの目的『男として杉本家に泊まる』ことの方が、わたしには数倍も重いように感じられていた。そうすることで、亡くなったキクエと、私自身に対してあるけじめがつく、と考えられたからである。それがキクエに対するわたしの餞《はなむけ》であった」

女だけの瞽女の集団に男を入れる、ということは、直接組織の崩壊を意味する。キクエは自分の代で高田瞽女三五〇年の歴史に幕を下ろそうとしたのではないか。そのことをキクエは、養子としての杉本家への入籍を切り出すことで、わたしにそれとなく知らせようとしたのだ。泊まることでケジメを終えたわたしにとって、シズとの一年ぶりの再会も以前のような熱い思いを抱くということではなかった。

わたしは昭和六一年に父親と妻、ふたりの息子たちと埼玉県所沢市に越してきた。その三年後に昭和から平成へと元号が替わった。

平成六（一九九四）年五月二〇日、わたしは「胎内やすらぎの家」にシズを訪ねた。一〇年ぶりだった。

今回は懇意にしている東京京島にあるチンドン屋菊乃家のNにも同行していただいた。実は、毎年四月、富山市で行われる「全日本チンドンコンクール」に、昨年瞽女唄のひとつ「萬歳『柱立て』」を演じて特別賞を得た。その「菊乃家の『柱立て』」をどうしてもシズに聴いてもらいたいと思ったからだ。「瞽女の出し物を借用したのだから、お礼に伺うのは筋」という気持ちもあった。

案内された二〇畳ほどの待合室でシズは寮母さんに手を引かれて現れた。七八歳になるシズの肌は以前と変わらず艶やかだった。上の前歯が欠け、幾分小さくなった背は、やはり一〇年の歳月を物語っていた。

「おまんのために用意した」というシズの差し出す袋入りの豆を食べた。昨年（平成五年）亡くなったわたしの父の話をしたあと、用意したコンクールのテープを聴かせた。シズは
「上手だね。チンドン屋は知っているよ」といった。わたしはNに、持参した三味線を取り出すよう目で合図を送った。Nは部屋の隅に置いたケースから三味線を取り出して調弦をはじめた。シズが、おやっという顔でNのほうを見た。

「なにすんね……」

シズが訝《いぶか》しそうな顔してわたしを見た。

「いや、テープじゃなんだから、ここで『柱立て』を演じてみようと思って……」

ザックのなかから才蔵の台詞が書いてある紙を取り出しながら、わたしはシズの顔色を注意深く探った。シズはただ黙ったまま下唇を少し突き出し、じっとわたしのほうを見た。わたしは調弦中のNに左手でストップの合図を送った。シズは『柱立て』を演じられることを明らかに嫌がっている。その目にみるみる涙がたまる。

「おりゃ、もうなんもすることないすけ、早く母ちゃんとこへ行きたい」

いきなりこういうとシズは溢れる涙を袖で拭いた。不意を突かれてわたしは狼狽した。

「ほんとだよ、なんもいらんすけ、早く母ちゃんのとこへ行きたい」

わたしは思い出していた。一〇年前、NHK山形放送のラジオドキュメンタリー番組で、妻と長男を連れて訪れたとき、シズが別れ際にいった言葉がこれだった。

「このことばかり毎日思って暮らしてんだよ。ここにいたって、なんも楽しいことなんてないよ……」

わたしはひたすら「養子事件」のことを話題にした。思い出したようにシズは笑ったが、すぐに真顔で「母ちゃんのとこ、行きたい」を口にした。チャイムが鳴った。夕食の合図だった。シズは機械的にスッと立ち上がると、スタスタとひとりで歩きはじめ、隣接している食堂に入っていった。わたしとNは、呆気に取られた顔で見送った。

早い夕食はすぐに終わった。わたしはシズが置き去りにしていったお土産の虎屋の羊羹を手に持つと、目の前を通り過ぎようとしたシズの手を取り、部屋まで連れていった。まるで「手引き」だと思った。四半世紀も付き合ってきて、わたしは初めてシズの手に触れたのだ。そのすべすべと粘りのある手は、おそらくキクエの手と同じなのだろう。ふたりとも男を知らないまま一生を終えるだろう。

部屋の前まで来てわたしはシズに声をかけた。

「また来るから……」

その言葉だけでやめた。

シズはすでに高田の瞽女ではなくなっていた。面会簿に、シズを訪ねてくる客の名が記され、シズの口から複数の高田瞽女の名前が出たりして相変わらず瞽女のひとりとしての印象はあるものの、少なくともわたしの前ではもう高田瞽女でありつづけることを放棄したように見えた。


平成七年四月七日、明日からはじまる「全日本チンドンコンクール」を取材するため、午前八時半上野発「白山」に乗り込んだ。写真取材もあるため、バッグと小型の脚立（椅子にもなる）が場所をとる。一二時二四分高田駅に到着。

高田に用があった。今年はキクエの一三回忌にあたる。市内東本町三丁目善念寺にある杉本家の墓に手を合わせ、あることを報告するためだ。

駅前のスーパーで菊の花を買い、一二年ぶりの高田を歩いた。どこも変化がない。高田は変わりようのない町なのかもしれない。それでも、高田でもっとも大きい旅館「高田館」が「高田ビル」に変わっていた。通い慣れた雁木道である。ロマンポルノ専門の常設館、定宿にしていた「守屋旅館」も健在。見慣れた光景はどこか心を和ませてくれる。

風の強い日だった。陽差しは確実に春めいているにもかかわらず、ときおり吹く十分に寒気を含んだ風は、ここが北陸の地であることを喚起させる。振り返るとまだ冬の装いをまとった難波山が見え隠れした。

東本町に入ると、雁木の流れは先へ行くほどに趣を深くした。静脈が浮き出したように見える支柱も、ところどころ傷みが激しい。新しい柱と取り換えたり、鉄柱で補強された雁木も見受けられた。今にも朽ち果てそうな明り取りのある「落とし雁木」を見つけるたびに、つい二か月ほど前まで雪の重みに耐えてきたであろう雁木の柱が愛おしく思えてくる。

善念寺の山門をくぐると、左手に庫裡、その奥に二〇〇基ほどの墓が建つ墓所が広がる。杉本家の墓は南側のもっとも奥の端にある。杉本家と判別するのに苦労するような小さな墓石は、そこはかとなく高田瞽女の歴史を感じさせてくれる。右隣に真新しい杉本家の墓石。正面に「杉本家之墓」と刻印され、右手に「高田ごぜ　初代杉本マセ　二代杉本カツ　三代杉本キクエ」、左手に「昭和六十三年十月　四代杉本シズコ建立」とあった。

相変わらず冬を引きずったような風が吹き荒れていた。境内の桜の蕾は膨らみはじめた程度で、寒々とした墓所が広がるだけだ。今年の「全日本チンドンコンクール」は桜花のない大会になるだろう。わたしはバケツに水を汲み、墓の頭からかけた。水は四方に流れ落ち、それが刻印された名前に触れて、まるで三人の瞽女が慟哭しているようにわたしには見えた。花入れの穴を掃除し、菊の花を生け手を合わせた。

実はキクヱになんと報告すべきかを、上野駅から考えつづけた。キクヱの最後の言葉、「シズコを頼む」にわたしには答えを出せないでいた。できればこの節目に出せればいいと考えていたのだが、出せないまま悄然と佇む自分を見るのは辛かった。

亡くなる前年の夏、高田の中央病院のベッドの上で、キクヱは「シズコは……、シズコを頼む」と、わたしの手を握りしめながらいった。わたしは「分かった」とキクヱの手を強く握り返していった。その後、どういうわけか急速に回復の兆しを見せたという。気分のいいときには、「手毬唄」を担当医師やナースに聴かせるまでになった。

芋屋さん芋屋さん　芋は一升いくらする
三百三十三匁
もうちと負からんか　ちゃからかぽん
そんなに負ければ損がいく
お前のことなら負けてやる
向かいのおっかちゃん　ちょっとおいで
おら家煮《ち》っくらかえった　三くらかえった

高田の子供ショ　春日山に登って
春日山のお御堂が　建ったか建たんか
見たか　見ないか……

キクエは子どものようにうたいつづけたという。しかしこれがキクエに残された最後の生きる力だった。その後、急に体力が衰え、逝った。死因は脳梗塞だった。

天気はいいのだが、相変わらず強風が吹きつけた。善念寺の山門をくぐり、久しく雁木下を歩いた。道幅も造りも似たような雁木である。初めての人では、どこにいるのか迷うに違いない。高田を三〇回以上訪れているわたしには、雁木の微妙な色、劣化、なによりその場の雰囲気で場所を確認することができた。とくに東本町四丁目のもっとも奥にある杉本家は、目をつぶってでもたどり着くことができた。

主人の去った杉本家は、その後買い取られたとシズに聞いた。だが、今回わたしは不覚にもその前を通り過ぎてしまったのだ。引き返そうとしてやめた。そこにあるはずの強烈な匂い、肌触り、空気感、なにより杉本家に近づくにつれ感じる高揚感がない。主《あるじ》のいない家はただの廃家にすぎない。家が消えると、過剰な自分自身の思いも消える。一度関川の土手に出て、駅までの道を急いだ。

わたしは平成七年、河出書房新社から出版した『ちんどん菊乃家の人びと』の最後にシズに手紙を書いた。

拝啓

お元気のことと思います。

今年はキクエ母さんの十三回忌ですね。四月八日、九日の両日、富山市で開催されました「全日本チンドンコンクール」に行ってきました。去年、シズさんをホームに訪ねた東京京島のチンドン屋さん「菊乃家」さんの取材のためです。

その途中、わたしは高田に下車して、東本町三丁目善念寺にある杉本家の墓に手を合わせてきました。墓はシズさんのおかげで見違えるばかりにきれいになりましたね。早速お墓に水をかけ、花を活けてきました。マセ、カツ、キクエさんの名前の入ったお墓はとても美しく映りました。桜はまだ蕾でしたが、桜の木全体がなんとなくピンク色になり、わたしの心をゆったりとした気分にさせてくれました。

手を合わせながら一二年前の葬儀の日のことを考えていました。まだ山形にいたわたしのところに訃報が届き、あわてて高田に向かったのです。葬儀のあった日、わたしははじめて杉本家に泊まりました。そしてあなたと枕を並べて寝ました。いろんな話をしましたね。「わたしがはじめて高田の杉本家を訪ねた昭和四六年ころのこと」「一緒に旅に出た板倉町のこと」「キクエさんに、おまんを養子に欲しかった話」などでしたね。

お墓に手を合わせて、涙が出てくることはありませんでしたが、目の前にキクエ母さんがいるような気がしました。そして「シズコを頼む」といわれたような気がしました。キクエ母さんは、あの世で多分斎藤真一先生や旅で出会った多くの人たちと懐かしい話をしていることでしょう。

そしてシズさん、わたしはあなたのことを思い出していました。どうかあまり「お母さんのところに行きたい」といわないでください。もし、そんなことにでもなったら、わたしがキクエ母さんにいわれた約束を守れなくなるではありませんか。命のつづくかぎり元気で長生きしてください。それが天国にいるお母さんへの供養だと思うのです。お願いします。

黒川村はこれから桜の花が咲く季節を迎えるのでしょうか。どうかお元気でお暮しください。また連絡します。さようなら。

敬具

大山眞人

杉本シズ様

平成一二（二〇〇〇）年七月一八日、杉本シズが天国に召された。八四歳だった。

令和三（二〇二一）年一一月六日の午後、わたしは久しぶりに高田の善念寺を訪れた。杉本家の墓に手を合わせるためである。しかし、前日の秋雷を伴う激しい降雨により墓所は完全に水ついて近づくことさえできない。場所はうろ覚えだったが、おそらくあであろう方向に手を合わせ、冥福を祈った。

あとがき

わたしが高田の瞽女杉本キクエさんたちを初めて訪ねた二か月後の昭和四六（一九七一）年三月、直江津市と高田市が合併し上越市が誕生した。そして平成一七（二〇〇五）年に周辺の一三町村が合併して人口二一万の中規模の都市へと姿を変えた。

だが、五〇年ぶりとなる令和三（二〇二一）年に三泊四日で高田を訪ねたとき、「新市役所の場所を両市の中間にあたる春日山駅前に設けたことでも分かるとおり、どっちつかずの中途半端な行政運営にならざるをえません。行政の手から漏れてしまったからなんです」とNPO法人「街なか映画館再生委員会委員長」で旧市街地の建物のリノベーションを手掛け、再生を図るメンバーのひとりである岸田國昭さんは述べた。

今回の短い旅で、わたしは岸田さんの車で旧高田市内のはずれを流れる関川を越え戸野目地区を案内していただいた。するとわたしの目に飛び込んできたのは五〇年前に、高田駅頭から杉本家のある東本町四丁目につづく、当時見たままの雁木が連なる町の風景だった。この地区は旧市街地から取り残され、再開発からも見放された結果、昔の原風景がそのまま残されてしまったのだろう。

豪雪地帯の高田ではかつて、降雪すると屋根の雪をそのまま道路に捨てた。やがて捨てられた雪は一階の軒を超す。住人は二階にある引き戸から外に出た。道路向こうの家に行くにはトンネルを掘った。やがてそれが生活道路として活用されるようになると、消雪のために流雪溝を設けたことで生活が一変した。日常的に車の使用が可能になり、町の人（とくに若者）が外に出られるようになった。「そしてそのまま高田に戻らなくなりました」と岸田さんは皮肉を込めて話してくれた。

最終日、旧市内にある雁木下の町家造り（国の登録有形文化財）につくられた「瞽女ミュージアム高田」を訪ねた。瞽女を精力的に描いた画家斎藤真一さんの絵画を中心に、当時の写真や資料などが展示されている。案内してくれた渡辺裕子さんの言葉が印象に残った。「わたしは瞽女さんを心の底から尊敬しています」

来館時、わたしは身分を伏せ一般の客として彼女の話を聞いた。特別扱いされることを避けたいという気持ちが強かったからだ。実は、瞽女三部作が完結して間もなく、あるかたから手紙をいただいたことがある。確か「瞽女を顕彰する会」というような名称だったと記憶している。文面の「歴史的に貴重な瞽女を顕彰し、後世に残す……」というような内容が書かれていたことに違和感を覚えた。瞽女は「顕彰し保存するもの」ではないと思う。納得がいかなかったので、入会をお断りさせていただいた。

後日、周辺から、「高田瞽女の世界を壊したのはあなただ」という声があった。つまり私的な理由で瞽女を絡め取ったことはいかがなものか、ということなのだろう。確かに三部作すべてを客観的な視線で書き上げたとは思っていない。高田瞽女に対する思いは、人それぞれなのは理解できなくもないが、自分の思う瞽女像と違う表現をしたという理由で疑問視されることに問題がありそうだ。

わたしの場合、本文でも示したとおり、瞽女は瞽女唄を覚え三味線を修得し瞽女宿で披露して喜捨を得た。そのすべてが商売のためであり、生きていくための方便にすぎない。そのことは、わたしたちが生きていくためにさまざまなスキルを身につけるのと違わない。あえていうなら、その存在自体が多くの意味で稀少だったということだろうと思う。瞽女だけを特別な世界に閉じ込め、後世の人間がその存在を顕彰したりすることは思い上がりだと思う。ただいえることは、杉本キクエがみずからの手で高田瞽女の世界を閉じたという事実をどう捉えるかだろう。

実は、母の介護のため山形に帰郷していた時期に、評論家の草柳大蔵氏から連絡を受け、仙台放送局で対談したことがあった。そのとき草柳氏より、「大宅壮一ノンフィクション賞に推薦しておいたから。おそらく取れると思うよ」といわれ、驚いたことがある。当時、草柳氏は選考委員のひとりだった。そのことを妻に話すと、「まさか」といいながら喜んでくれた。

結果は受賞できなかった。その理由は、その回から草柳氏が選考委員からはずれたこと。もうひとつ、「わたしという主語で展開される作品はノンフィクションではない」という話をあとから関係者から聞いた。「主語がわたしで進められる作品はノンフィクションではないのだろうか」と今でも思う。

ルポライター鎌田慧氏の作品に『自動車絶望工場』（新装増補版 講談社文庫）がある。わたしも読んで衝撃を受けた作品だ。川崎の容器製造工場で三か月契約のライン作業員として働き、その過酷な労働状況を活写した。当初『トヨタ絶望工場』としていたのだが、版元（現代史出版会）の意向で企業名が消された。

この作品について、評論家の佐高信氏が、「それにしてもこの作品が、選考委員から『取材の手法がフェアではない』などと言われ、『大宅壮一ノンフィクション賞』を逸したのは私も納得できません。鎌田さんが言うように、会社の広報部からデータをもらい、それを書けばいいのでしょうか。それでは単なる広報誌です」（朝日新聞 二〇一二年一二月二二日「時代の栞」）と疑問を呈している。「手法がアンフェア」というのと、「主語がわたし」というのと酷似している気がするのは、思い過ごしだろうか。

昭和五八年に上梓した『高田瞽女最後』を区切りに、わたしは瞽女の世界から意識的に距離を置いた。

最後に、「瞽女ミュージアム高田」の渡辺裕子さんからいただいた手紙を紹介したい。


先日は瞽女ミュージアム高田へお越し下さり誠にありがとうございました。

受付、案内をさせていただいた渡辺裕子です。大山様が来られ一週間ほどして雑記帳に目を通しました。目を疑いました。

大山眞人様のお名前、そしてメッセージ、とにかく驚いて落ち着け落ち着けと自分の中に念じて、もう一度見返すと、やはりそこには大山眞人様のお名前でした。

大山様が来られた時に、ご自分の事を物書きであるといっていらした事、山形の出身であると話されていたという事、斎藤真一の作品を持っていらっしゃる旨をお聞きして、天童の出羽桜酒造の事などを話したりして、何て私はバカな人間なのでしょう。ずっとずっと大山眞人さんに会いたかったのです。

でも、まさか会える日がくるなんて思ってもみなくて、お会いしたら伝えたい事がたくさんあったのに……と。

私の住所をご覧になられて少し気づかれたかもしれませんが、私の住所は東本町四丁目。生まれも育ちもです。まだ小学校へ上がる前に杉本の瞽女さんの姿は、夕方、銭湯に行かれるところを見ていました。もしかしたら、大山さんが杉本瞽女さんの家を訪ねられた時に、雁木で遊ぶ私とすれ違っていたかもしれませんね。

六年前に瞽女ミュージアム高田が始まる四ヶ月程前に、事務局小川さんから受付をやってみないかと声をかけてもらい、今の仕事が始まりました。

何の知識もない私がその時手にした本、それが大山さんの瞽女三部作でした。夢中で読みました。臨場感あふれるその文章が、仕事の知識のためをこえて、とにかくひきこまれていました。そして、温かいながらも、冷静に杉本瞽女さんを見つめ、綴って下さっている事に感謝の気持ちでいっぱいになります。

高田の瞽女さんを皆さんにお伝えする時に、いつも誇らしい気持ちになります。そう思えるのは、大山さんの本があったからと強く思っています。

どうぞまた高田へ、瞽女ミュージアム高田へお越し下さい。お会いできる日を楽しみに……。

時節柄ご自愛下さい。

令和三年一一月一七日

渡辺裕子

大山眞人様

手紙をいただいて非常に驚き、恐縮している自分がそこにいた。瞽女三部作が完成した直後には、何人かの方から手紙をいただいたことがある。

しかし、このように強烈な思いをぶつけてこられた手紙は初めてだった。あれから五〇年の歳月が流れた。この新書を上梓して高田瞽女とのケジメを正式につけようと目論んだわたしの気持ちが、正直揺らいでいる。渡辺裕子さんという、高田瞽女に対する強い思いを抱いている女性がこの世にまだいた、という事実がそうさせているのだ。

わたしが現役で物書き、とくに体力と気力を使うノンフィクションという仕事に専念できるのは、あと数年のことだろう。書きたいものはいくつかあるが、そろそろ優先順位をつけるときが来たのかもしれない。

考えてみれば、高田瞽女に関する資料（音源、写真……）をこのままわたしのところに置くことはできない。「旅は道づれ世は情け」というが、出会いというのは不思議な現象を起こさせる。わたしの人生も、いつも突然の出会いが以降の方向性を示唆してくれた。

渡辺裕子さんとの出会いもしかりである。もし許されるなら、わたしが保管しているこれらの資料を渡辺さんに託したいという気持ちが横溢しはじめている。

五〇年も前の話を、「旅」というくくりでまとめていただいた平凡社新書編集部の和田康成さん、高田世界館の岸田國昭さん、そして瞽女ミュージアム高田の渡辺裕子さんにはこの場をお借りして謝意を表します。

令和五（二〇二三）年一月

大山眞人

参考資料

『日本庶民生活資料集成 第十七巻』（編集委員代表 谷川健一 三一書房 １９７２年）
『旅についての思索』（山本偦 講談社学術文庫 １９７６年）
『わたしは瞽女』（大山真人 音楽之友社 １９７７年）
『写真 高田風土記』（稲荷弘信 １９７８年）
『ある瞽女宿の没落』（大山真人 音楽之友社 １９８１年）
『高田瞽女最後』（大山真人 音楽之友社 １９８３年）
『博学紀行 新潟県』（福武書店 １９８４年）
『瞽女の四季 １９７２―１９７３』（橋本照嵩 音楽之友社 １９８４年）
『鋼の女 最後の瞽女・小林ハル』（下重暁子 集英社文庫 ２００３年）
『旅芸人のいた風景 遍歴・流浪・渡世』（沖浦和光 文春新書 ２００７年）
『瞽女と瞽女唄の研究 史料篇』（ジェラルド・グローマー 名古屋大学出版会 ２００７年）
『瞽女と瞽女唄の研究 研究篇』（ジェラルド・グローマー 名古屋大学出版会 ２００７年）
『瞽女と七つの峠』（国見修二 玲風書房 ２０１３年）
『瞽女うた』（ジェラルド・グローマー 岩波新書 ２０１４年）
『思想の科学』（１９７１年９月号 思想の科学社）
「瞽女の歌が聴えてくる」（『宝島』 １９７８年３月号 ＪＩＣＣ出版局）